Leonhard Sprengel

Aristotelische Studien

Leonhard Sprengel

Aristotelische Studien

ISBN/EAN: 9783743369474

Hergestellt in Europa, USA, Kanada, Australien, Japan

Cover: Foto ©Andreas Hilbeck / pixelio.de

Manufactured and distributed by brebook publishing software (www.brebook.com)

Leonhard Sprengel

Aristotelische Studien

Aristotelische Studien

von

Leonhard Spengel.

II.

Eudemische Ethik,
Grosse Ethik,
Politik.

Der philosoph.-philolog. Classe mitgetheilt den 7. Januar 1865.

Aus den Abhandlungen der k. bayer. Akademie der W. I. Cl. X. Bd. III. Abth.

München 1865.
Verlag der k. Akademie,
in Commission bei G. Franz.
Druck von F. Straub.

L

ΗΘΙΚΩΝ ΕΥΔΗΜΙΩΝ.

Relegi corruptissimos hos libros Aldinae usus exemplo, et cum fere omnia quae Im. Bekker aut ex libris restituit aut coniecit, ipse invenerim, reliqua quoque a me adnotata, quae haud pauca sunt, non negligenda esse mihi videbantur. *) Aristotelem haec non composuisse certum est; ego in dissertatione Academica Eudemo vindicavi, sed vereor, ne optimo philosophi discipulo iniuriam fecerim; is enim autor Ethica Nicom. in usum suum transtulit et nihil fere de suo quod notatu dignum esset contulit. Quaere an nusquam vetusta translatio inveniatur, ex qua haud dubie multa rectius emendari possint.

I, 1. p. 1214, 2. συνέγραψεν] num alibi hoc sensu συγγράφειν dicitur? 3. διελὼν οὐχ ὑπάρχοντα] Insere ὡς post διελών, ut huius sententia indicetur; nam docet haec omnia in beatitudine coniuncta inveniri. Epigr. Nic. I, 9, id propylaeo inscriptum esse ex nostro docemur. mirum Λητώου, num ita dictum est? 6. numeros sic transposito δὲ restituas πάντων ἥδιστον δ', at Nicom. ἥδιστον δὲ πέφυχ', ibi quoque libri multum variant,

---

*) Die Verbesserungen zu diesen beiden Ethiken wurden 1838 und in den nächsten Jahren gemacht; zusammengeschrieben und in ihre jetzige Form 1843 in Heidelberg gebracht nach dem Auffinden von Scaliger's Exemplar, sie sind demnach früher als Bonitz observat. critic. 1844. Geändert wurde nichts, um zu zeigen, wie Philologen bei Bearbeitung eines solchen Werkes ebenso wohl übereinstimmen als von einander abweichen. Einige neuere durch den Druck veranlasste Zusätze sind mit Klammern angezeigt.

1 *

vid. Bekk. in Theogn. v. 256 πρᾶγμα δὲ τερπνότατον, quod sane pessimum est. ap. Stobaeum eadem lectio quae in uno Codice Nic. exstat. 11. κτήσις] at etiam τὸ γνῶναι est possessio κτῆσις, huic vero opponitur τὸ πράττειν, vel ποιεῖν. puto igitur χρήσις. Nic. X, 10. tum offendit συντείνει πρὸς . . περὶ : . περὶ. 12. πράξεις τοῦ πράγματος] an fuit περὶ τὰς κτήσεις τοῦ πράγματος καὶ τὰς πράξεις? 14. ὅτι περ] vix sanum, ὅπερ? 15. πότερον φύσει] Nic. I, 10 ὅθεν καὶ ἀπορεῖται πότερόν ἐστι μαθητὸν ἢ ἐθιστὸν ἢ ἄλλως πως ἀσκητόν, ἢ κατά τινα θείαν μοῖραν ἢ καὶ διὰ τύχην παραγίνεται. X. 10 γίνεσθαι δ'ἀγαθοὺς οἴονται οἱ μὲν φύσει, οἱ δ'ἔθει, οἱ δὲ διδαχῇ. 25. πολλοὶ γὰρ ταὐτόν φασιν εἶναι τὴν εὐδαιμονίαν καὶ τὴν εὐτυχίαν] Nicom. I, 9 ὅθεν εἰς ταὐτὸ τάττουσιν ἔνιοι τὴν εὐτυχίαν τῇ εὐδαιμονίᾳ. vid. infra VII, 14 Eudem. et Nic. 26. οὐν ἡ παρουσία διὰ τούτων] scrib. οὔτε τῇ παρουσίᾳ τούτων, nisi integrum explendum est οὔτε ἡ εὐδαιμονία τῇ παρουσίᾳ τούτων. valde displicet quod margr. Isingr. ἡ παρουσία τῆς εὐδαιμονίας διά. conf. 1217 b. 5. 28. αἱ γινώσκ.] mire dictum pro, omne quod hominibus fit; deinde vide an non articulus flagitetur τὰς post γάρ. hoc dicit, quae ex mente nascuntur rite ἐπιστήμῃ, vel ut supra dixit μαθήσει adiungi possunt.

p. 1214 b 5. δ'ἐν ἐνὶ] nonne melius ἐν abest?

I, 2, 6. ἐπιστήσαντας ἅπαντας] offendit hoc pro ἐπιστήσαντα, de quo verbo vid. Zell ad Nicom. p. 242, tum excidit δεῖ vel χρή fortasse ante θέσθαι addendum. 11. μάλιστα δὴ δεῖ] δὴ delendum.

1, 3, 32. μεταβάλλουσιν] imo μεταβαλοῦσιν. 34. ὁμοίως δὲ ταύταις] vid. an alibi dativus in hac formula addatur. p. 1215, 1. ἐλxῇ] Sylburg, recte, neque tamen omnem locum restituit. Aldus lacunam habet post περὶ. tum πότας nihil significat, at veri vestigium continet, fuit enim περὶ εὐδαιμονίας, verbum vero ἐπισκεπτέον locum mutavit et post τῶν πολλῶν ponendum est. hoc dicit, neque παραφρονούντων neque τῶν πολλῶν sententiae examinandae sunt, sed illae ἀπορίαι quae ad hanc rem pertinent: ταύτας οὖν καλῶς ἔχει τὰς δόξας ἐξετάζειν. Locum non perspexit qui in P^b ex ingenio loco mederi conatus est. 14. οὐ γάρ ἐστι δι' ἐπιμελείας ἡ κτῆσις οὐδ' ἐπ' αὐτοῖς οὐδὲ τῆς αὐτῶν πραγματείας] hic prima et secunda sententia eadem dicit; si enim illa nulla cura acquiri possunt, non penes ipsos stat, ergo δὶς ταὐτόν, dele οὐδ', haec neque acquirere possunt neque volunt.

I, 4, 25. Locus corruptus, quem non levat quod marg. P⁽ᵇ⁾ pro ἀλλ' ὡς praestat ἴσ. τῶν μὲν quod ne grammatica quidem constructio admittit. Verba τῆς τοιαύτης εὐημερίας alio fere sensu quam Nic. I, 9. p. 1099 b 7, intelligit enim eos qui εὐδαιμονίαν appetunt tripertiti, a qua expetenda longe absunt homines quotidiano quaestui dediti, unde haec procedit loci emendatio: διηρημένων δὲ τῶν βίων καὶ τῶν μὲν μὴ (οὐκ?) ἀμφισβητούντων τῆς τοιαύτης εὐημερίας ἀλλ' ἄλλως τῶν ἀναγκαίων χάριν σπουδαζομένων. opponuntur his quos supra cap. 2 dixit ἅπαντα τὸν δυνάμενον ζῆν κατὰ τὴν αὑτοῦ προαίρεσιν et infra p. 1215, 35 οἷς οἱ ἐπ' ἐξουσίας τυγχάνοντες προαιροῦνται ζῆν ἅπαντες. Sed quaere de media vi verbi σπουδάζεσθαι! 28. καὶ τὰς βαναύσους] praeponenda haec post v. 28 φορτικὰς et propter verborum et sententiae concinnitatem. 31. ἀγοράς καὶ πράσεις] μὲν καὶ P⁽ᵇ⁾Z. sed recte ἀγοράσεις Sylburgius coniecit. Monendum P⁽ᵇ⁾ πρὸς ὦν ἀγοράς exhibere, unde marg. ἴσως ὠνάς. 35. οἱ ἐπ' ἐξουσίας τυγχάνοντες] quis graece ita dixit! aut ἐπ' aut τυγχάνοντες eliminandum est. sententia ex Nic. I, 3. p. 1215 b 13. ὡς ἄνθρωπον εἶναι] quantum hoc de homine gloriari licet, ut supra v. 10 εὖ καὶ καλῶς ζῆν, εἴ τῳ μακαρίως ἐπιφθονώτερον εἰπεῖν.

l. 5, 19. δι' ἃ] ex M et corr. P⁽ᵇ⁾ additum a Sylburgio coniectum idque melius puto quam quod ego conieci τοιαῦτα ὧν ἀποβαινόντων. 22. παῖδες ὄντες] ex Nic. X, 2 οὐδείς τ' ἂν ἕλοιτο ζῆν παιδίου διάνοιαν ἔχων διὰ βίου ἡδόμενος ἐφ' οἷς τὰ παιδία ὡς οἷόν τε μάλιστα.

p. 1216. 1. ἐν πλείοσι τῶν τοιούτων ἐξουσιάζει πολλῶν μοναρχιῶν] Aretinus: hos monarchas multis modis antecellat, unde lsingr. marg. μοναρχῶν! 10. τί τὸ εὖ καὶ τί τὸ ἀγαθὸν τὸ ἐν τῷ ζῆν] repetit quod supra dixit 1215 b 17 τί τῶν ἐν τῷ ζῆν αἱρετόν, ut haereas utrum sit verum. 15. Σαρδανάπαλον] ex Nic. I, 3. Σμινδυρίδην vid. interpp. ad Herod. VI, 127. 34. καλὰς] καλῶς Bonitz ad Arist. Metaphys. pag. 61 egregie. 39. ἑκατέραι] recte ἑκατέρας Sylburg. 40. αὐτά] scrib. αὐταί et deinde v. 1 αὐτάς, praecedit τούτων μόρια ταῦτα . . ἐστιν, ubi αὗται . . εἰσιν item scribendum erat. p. 1216 b. 15. οὐ μὲν ἀλλὰ κατὰ . . ἡμῖν] quid velit haec sententia et quomodo praecedentibus adhaereat, equidem non video, haec locum mutarunt infra v. 20 inserenda, sic: καλὸν μὲν οὖν καὶ τὸ γνωρίζειν ἕκαστον τῶν καλῶν καὶ κατὰ συμβεβηκὸς . . ἡμῖν, οὐ μὴν ἀλλά.

I, 6, 27. χρώμενοι] conicias χρωμένοις, nisi fort. 26 non πάντων sed πάντα autor scripserat, et sane h. l. infra p. 1217, 11 intelligit διά τι τὸ ῥηθὲν ἀρτίως ὅτι προτέψειν οὐ δεῖ πάντα τοῖς διὰ τῶν λόγων tamen πάντων verum videtur. 30. πάντως] πάντας recte Bonitz l. l. 37. τῶν πολιτικῶν] imo τὸν πολιτικόν, an est: von der Politik entfernt, nicht zu ihr gehörig? p. 1217. 4. ἐφ' ὧν] quid etiam ἀγνοίᾳ qui sunt ἔμπειροι? puto sola ἀμαζονείᾳ, ergo ἐφ' ἧς, tum mire dictum μήτ' ἐχόντων, μήτε δυναμένων διάνοιαν ἀρχιτεκτονικὴν ἢ πρακτικήν. 12. πάντα] adverbii locum tenet, si verum est, vid. ad p. 1216 b, 26. I, 7, 18. λέγωμεν ἀρξάμενοι πρῶτον ἀπὸ τῶν πρώτων] phrasis Aristoteli propria vid. ad Rhet. sed ita ut post haec nihil aliud sequatur, incipit ab εὐδαιμονία, haec enim est τὰ πρῶτα, sequentia aperte corrupta neque lucramur quidquam ἐπὶ cum Sylburgio in ἔτι mutantes. καὶ v. 18 ineptum est, mendum est in εἴφειν ut videtur, requirimus ἄγειν vel simile. intelligit p. 1216 b, 32 seqq. an excidet aliquid et fuit ἐπὶ τὸ ἀγαγεῖν καὶ εἰφεῖν, τί. 39. εὐδαιμονία est ἄριστον, iam quid sit ἄριστον pluribus exponit. at quaesivit τῶν ἀγαθῶν τὰ μὲν ἀνθρώπῳ πρακτά, τὰ δ' οὔ πρακτά, iam concludit posterius esse confirmans, ergo ἄριστον delendum est. quia vero initio iam eam ἄριστον esse monuerat idque πρακτὸν esse ostenderat, eam etiam τῶν ἀνθρώπῳ πρακτῶν ἄριστον esse dicere potest.

I, 8, p. 1217 b, 1. τί τὸ ἄριστον καὶ λέγεται πισαχῶς] p. 1214 b, 25 περὶ τοῦ εὐδαιμονεῖν τί ἐστι καὶ γίνεται διὰ τίνων. p. 1220, 15. 2. ἐν τισὶ δὴ μάλιστα φαίνεται] in quibusnam? exspectamus in animo, corpore, externis, vel in eo quod propter se expetendum est. at alia noster, obscure dicta, si recte eius sententiam intelligo, haec sunt tria illa ἰδία, κοινόν, τὸ οὗ ἕνεκα. Omnino quae Nic. I, 4 de Platonicis ideis perspicue etiamsi non probabiliter dicuntur, hic contorte nec ordine suo exponuntur, qua in re haud parum me adiuverunt Magna Mor. non male posteriores apud Stobaeum Ethic. p. 286 hanc tripertitam rationem dederunt; τὸ πᾶσι τοῖς οὖσι σωτηρίας αἴτιον id est deus, deinde τὸ κατηγορούμενον παντὸς ἀγαθοῦ καὶ τὸ δι' αὐτὸ αἱρετόν quod γένος τῶν ἀγαθῶν dicunt, denique τὸ τέλος ἐφ' ὃ πάντα ἀναφέρομεν ὅπερ ἐστὶν εὐδαιμονία. 5. τοῦ ἀγαθὰ εἶναι] scrib. ἀγαθοῖς ut v. 8 ex usu Aristoteli solemni. 6. ὑπάρχει] scrib. ὑπάρχειν aliorum enim affertur sententia, unde et in seqq. infinitivus appareat, neque offendit quod autor ex sua persona explicat *λέγω δὲ*, inserta enim haec sunt. 9. *κατ' ἐκείνης*] nach jener Idee wird was *ἀγαθόν* ist ausgesagt. num alibi ita? 13. *πρῶτον*] scrib. *πρότερον* scil. *τὸ μετεχόμενον*, est vero *ὕστερον* cetera *τὰ μετέχοντα*. 14. *αὐτὸ τὸ ἀγαθὸν*] facile hoc caremus, et tamen verum est, quod autor sic progreditur: *τὸ ἄριστον* est *αὐτὸ τὸ ἀγαθόν*, hoc vero est *ἰδέα τοῦ ἀγαθοῦ*, unde haec fit conclusio: *ὥστ' εἶναι αὐτὸ τὸ ἀγαθὸν τὴν ἰδέαν τοῦ ἀγαθοῦ*. p. 1217 b, 17. *ἑτέρας τι διατριβῆς*] Nic. I, 4 *ἐξακριβοῦν γὰρ ὑπὲρ αὐτῶν ἄλλης ἂν εἴη φιλοσοφίας οἰκειότερον*, quod si vero Aristotelem postremos libros Metaphys. ut hanc doctrinam illustraret composuisse consideramus, vix quod autor noster dicit probabimus logicae subtilitati haec esse vindicanda, quamvis et Arist. in Analyticis idearum in trancitu mentionem fecerit. quod hic dicitur *λογικῶς καὶ κενῶς*, de anima I, 1 est *διαλεκτικῶς καὶ κενῶς*. 20. *περὶ αὐτῶν*] de his rebus, sed exspectamus *αὐτῆς*. scil. *δόξης*. 22. *ἐν τοῖς ἐξωτερικοῖς λόγοις*] quinam sunt hi? *ἐν τοῖς κατὰ φιλοσοφίαν* fort. Aristotelis Metaphys. intelligit, sed Eudemus hoc discrimen non dedisset; videor mihi in his posterioris aetatis autorem deprehendere. 30. *καὶ τὸ ἀγαθὸν ἐν ἑκάστῃ τῶν πτώσεων ἔστι τούτων*] non male categorias *πτώσεις* dicit. 40. *στρατηγία*] ars denotanda est ut *ἰατρική, καὶ γυμναστική*, reponendum igitur vel propter concinnitatem quod Nic. praebent *στρατιγική* p. 1096, 32. item 1094, 9. p. 1218, 3. *καὶ τοῦτο χωριστόν*] scrib. *τούτων*. tum *τοῦ προτέρου πρότερον*, non *πρῶτον*, item v. 5 et 6 *πρότερον*. agit enim de iis in quibus est *τὸ πρότερον καὶ ὕστερον*. 9. *οἷον εἰ χωριστόν*] corruptus locus quem non expedio; neque varietas adiuvat, Bekkerus ex P scripsit *τις πρὸ τὶ sensus est, ἰδίαν* quae *χωριστὸς* est non esse *τὸ κοινόν* quod non *χωριστόν* est, id docent et huius verba et Magn. Mor. Maiore posita distinctione post *πρότερον*, sententia sane finita est, sed nihil impedit quo minus *εἰ συμβ. x τ λ* denuo iis quae praecedunt addantur. Adhibenda etiam Nicom. quae noster secutus est p. 1096, 3 seqq. at b 21. aperte cohaerent *δικαιοσύνη ἀγαθὸν καὶ ἀνδρία*, neque quod illa est bonum, haec quoque est. Donec melius et verius inveniatur, hoc coniicere licet: *ἔσται γὰρ τοῦ διπλασίου πρότερον, εἰ συμβαίνοι τὸ κοινὸν εἶναι τὴν ἰδέαν καὶ χωριστὸν ποιήσειέ τις τὸ κοινόν. εἰ γάρ ἐστι δικαιοσύνη ἀγαθὸν καὶ ἀνδρία, τί τοίνυν φασὶν αὐτό τι ἀγαθόν*; 14. *πᾶσι* γὰρ ὑπάρχει κοινόν] repon. ex Magn. Mor. I, 1 ἐν πᾶσι.. τὸ κοινόν vel πᾶσι γὰρ ἐνυπάρχει τὸ κοινόν. 15. ἢ ὡς] egregia Bekkeri emendatio pro πῶς. 26. λέγονται] aut λέγεται aut λέγουσι. 27. τοῦτό φασι] ex margine *P* dedit Bekkerus pro τότε φασι, at hae sunt emendationes docti ex ingenio, non ex libri autoritate sumptae. Fort. τότε φασι ex varietate verborum v. 30 τό τε φάναι male huc translata sunt. 29. ἄ] ὃ reponendum, et iure iam Sylb. numeros non convenire animadvertit. 33. αὐτό τι ἀγαθὸν] ita et v. 10 idque oppositio ἴδιόν τι confirmat, idem dicit quod Nicom. αὐτοέκαστον. 34. τῇ πολιτικῇ nove huc politica nondum laudata infertur. 36. τὸ ἐν τῷ λόγῳ γεγραμμένον] ni fallor p. 1217 b, 23 seq. p. 1218 b, 1. καὶ γὰρ ἂν μικρῷ ὑπάρξας ἀγαθῷ] quod αὐτὸ τὸ ἀγαθὸν vel ἰδέα est χωριστόν, id vero quod κοινόν est in omnibus inest, sed cur μικρῷ? *P* γρ. τἀγαθὸν quod non intelligo. 2. τὸ ὁτιοῦν ὑπάρχον] non intelligo, num ὁτιοῦν? 6. πρακτὸν δὲ τὸ τοιοῦτον ἀγαθὸν] ante Bekk. τὸ δὲ τοιοῦτον ἀγαθὸν, quibus ego πρακτὸν inserui. atque idem volui quod nunc Bekkerus restituit. 7. τὸ ἐν τοῖς] corrupta sic corrige: οὐκ ἔστι δὲ τοῦτο ἐν τοῖς ἀκινήτοις, φανερὸν οὖν ὅτι οὔτε ἡ ἰδέα (conf. Brandis p. 1343, not. Rassow p. 2). 13. ἐπὸ τὴν κυρίαν πασῶν] Nic. I, 1 at in Nic. nil de οἰκονομικῇ et φρονήσει politicae arti adhaerentibus dicitur. neque exstat in iis quae supersunt quod profitetur. 19. ἰωδὶ] nonne et hic ἰωδὶ ex more Aristotelis? 26. τὸ ἄριστον.. ἀρχήν] haec omnia abundant. 31. ἄλλην λαβοῦσιν ἀρχήν] vid. comment. pag. 35.

II. 1, 32. πάντα δὴ τἀγαθὰ ἢ ἐκτὸς ἢ ἐν ψυχῇ, καὶ τούτων αἱρετώτερα τὰ ἐν τῇ ψυχῇ] noster Nicom. I, 8 secutus est νενεμημένων δὲ τῶν ἀγαθῶν τριχῇ καὶ τῶν μὲν ἐκτὸς λεγομένων τῶν δὲ περὶ ψυχήν καὶ σῶμα, τὰ περὶ ψυχήν κυριώτατα λέγομεν καὶ μάλιστα ἀγαθά. et sic Aristoteles et Plato tripertitam sequuntur divisionem; nostrum vero exscribit autor magn. Mor. I, 3 p. 1184 b, 2. et sic semper ut ap. Stobaeum p. 290. iure igitur in comment. trad. p. 41 emendavi ἢ ἐκτὸς ἢ ἐν σώματι ἢ ἐν ψυχῇ, καὶ τούτων αἱρετώτατα τὰ ἐν τῇ ψυχῇ. Id tamen me offendit quod deinde v. 35 ἡδονήν esse dicit ἐν ψυχῇ ut revera duo tantum bonorum genera distinxisse videatur. (vulg. servavit Fritzschius, nec ipse mutaverim). 33. καθάπερ διαιρούμεθα καὶ ἐν τοῖς ἐξωτερικοῖς λόγοις] neque Aristoteles neque Eudemus ita dixisset pro διαιροῦνται, aliorum, non sua scripta dicunt λόγους ἐξωτερικούς. 36. ἡ] cur deinde καὶ, puto

utroque loco idem esse reddendum, et v. 37 ἧ κιν. acr.   p. 1219,
8. ἐχέτω] quidni ἔχει 13. ἀλλὰ τὸ ἔργον λέγεται διχῶς] ex Nicom. l, 1.
18. τὴν χρῆσιν βέλτιον εἶναι τῆς ἕξεως] imo βελτίω vel βελτίονα
ut Nic. I, 1. ἐν τούτοις βελτίω λέγεται τῶν ἐνεργιῶν τὰ ἔργα. Aldus βελ-
τίον habet ut accentus iam verum indicet. At infra v. 31 ἐπεὶ βέλτιον
ἡ ἐνέργεια τῆς διαθέσεως, καὶ τῆς βελτίστης ἕξεως ἡ βελτίστη ἐνέργεια.
Magn. Mor. p. 1184, 15 βέλτιον καὶ αἱρετώτερον ἡ χρῆσις τῆς ἕξεως sed
v. 11 αἱρετωτέρα. p. 1219, 20. ἀρετῆς ἀλλ' οὐχ ὡσαύτως] deest aliquid
post ἀρετῆς, aut ταὐτὸν aut ἓν καὶ ταὐτὸν ut v. 26. et ars et eius virtus
idem facit, at illa qualecunque, haec vero bonum et praestans. Sic ex-
pone: dass das ἔργον πράγματος auch von der ἀρετῇ ist. Deinde σκυ-
τεύσεως corrige in σκυτέως, sequens enim exemplum et rem et personam
indicari docet. δή; sane aptius videtur quam δέ, sed cur sit σκυτικῆς,
nullam video rationem, utroque loco idem reponendum, et praefero
σκυτοτομικῆς. sequens σπουδαίου σκιτέως corrigendum in σπουδαίως σκι-
τεύς, nam adiectivum verbi ἀρετή est σπουδαῖος. cf. Stobaeus p. 272.
genitivus stare potest, si ex sequenti ἔργον dependet. at praecedit similiter οἰκοδομικὴ et οἰκοδόμησις, ἰατρικὴ et ἰάτρευσις, ὑγίασις. 23. ἔτι ἔστω]
Bekk. ex P, ceteri ὅτι. neutrum recte convenit, nam supra v. 5 dixit:
ἔστι γάρ τι ἔργον αὐτῆς quod quale sit nunc docet, equidem puto ἄλλων.
ἔστι δὲ ψυχῆς nisi excidit aliquid v. c. δῆλον δὲ ὅτι ἐστι ψυχῆς. 24. τοῦ
δὲ χρῆσις καὶ ἐγρήγορσις] fort. ἡ δὲ χρῆσις ἐγρήγορσις, nam supra quoque
ἔργον καὶ χρῆσις coniunxit. melius Stob. p. 284 τὴν μὲν γὰρ ἐνέργειαν
τῆς ψυχῆς περὶ τὴν ἐγρήγορσιν εἶναι, videtur gravius mendum inesse.
fort. τούτου δὲ . . κατ' ἐγρήγορσιν. 27. τῆς ἀρετῆς] tacite Bekk.
ex suis Codd. nec stare possunt, potius τῆς ψυχῆς dicendum erat.
28. τέλεον] egregie Bekkerus pro πλέον. ipse inveneram, sed et hic
et infra cum Nic. scrib. τέλειον. 30. καὶ τὰ] καὶ abundat. 30. αὐτή]
quid, ipsa ψυχή? minime, supra 1218 b, 36 τῶν δὲ ἐν ψυχῇ τὰ μὲν
ἕξεις . . τὰ δ' ἐνέργειαι. Nicom. I. 8 πράξεις τινὲς λέγονται καὶ ἐνέργειαι
τὸ τέλος, οὕτω καὶ τῶν περὶ ψυχὴν ἀγαθῶν γίνεται καὶ οὐ τῶν ἐκτός.
ergo αὐτῶν, nisi ταῦτα praeferas, nam etiam M. M. 1184 b, 33 τέλος
hoc dicitur. 31. ἐπεὶ βέλτιον] insere δέ, nonne βελτίων vid. ad. v. 18.
34. τῆς] tacite Bekk., καὶ ἡ ἐκ τῆς ceteri male. deinde scrib. ἐστιν
pro εἶναι vel ἂν εἴη. quod praecedit et sequitur, et ἡ del. displicet enim

ἐνέργεια ἡ τῆς ψυχῆς. (rectius Bon. ἐνέργειαν corrigit, sed infinitivus εἶναι ex verbis δῆλον . . ἐπακειμένων quae integram reddunt sententiam, non dependet. equidem ἀνάγκη, ante τῆς ἀρετῆς excidisse crediderim, Fritzschius δεῖ post ἐνέργειαν addit.) 35. ψυχῆς ἀγαθῆς ἐνέργεια] imo ἀγαθή, idque erit quod supra βελτίστη dixit. an ἀρετῆς scribendum est? sane hoc ratiocinatio flagitat. p. 1219 b, 18. τὸν ἥμισυν τοῦ βίου] τὸ ἥμισυ τοῦ βίου Nic. I, 13 ita et edd. h. l. ante Bekk. 29. τὸ μὲν] imo τὸ μὲν ἐπιτάττειν τὸ δὲ πείθεσθαι καὶ ἀκούειν πέφυκέναι utroque τῷ deleto. cf. Nic. X, 10. 36. τοῦ αὐτοῦ] τοῦ del. 36. ἀφῃρῆται] imo ἀφῃρήσθω ut v. 31 ἀφεῖσθαι nisi potius ex more hoc ipsum repetendum: illud omittatur, omittatur etiam hoc. 39. εἰ ἦ ἄνθρωπος] fort. recentioris aetatis vestigium, Eudemus certe ita non scripsit, pro εἰ ἔστιν.

p. 1220, 11. λέγομεν ποιός τις] scrib. λέγομεν εἴ ποιός τις, imo λέγεται. 16. δεῖ] scrib. ἀεὶ eadem sententia I 6, p. 1216 b, 32. 18. ὥςπερ ἄν εἰ καὶ] deest εἰδείημεν vel simile. 19. κορίσκος ὁ] κορίσκον ὅτι τῶν vel ὅτι κορίσκος ὁ. 21. αὐτῆς] scrib. αὐτῶν. 27. ὑγίεια] nonne ὑγιαίνει?

p. 1220 b, 2. ἐμφύτου] num δὲ ἐπ' ἀγωγῆς τὸ μὴ ἔμφυτον? et sequentia vix sana sunt, quid enim πως. neque interrogatio πῶς est, sed tanta varietas inest lectionis ut vel inde verum non disceptem. 4. μὴ βίᾳ] num hoc graecum pro μὴ βιαζόμενος vel εἰ μὴ βίᾳ? 5. διὸ ἔστω ἦθος τοῦτο ψυχῆς κατὰ ἐπιτακτικὸν λόγον, δυναμένου δ' ἀκολουθεῖν τῷ λόγῳ ποιότης] sic tacite Bekk.; edd. δυνάμει δ' utrumque constructioni contrarium, quae δυναμένη ἀκολουθεῖν flagitat. e Stobaei eclog. II, p. 34 b haec sunt adnotanda: ἦθος δέ ἐστι ποιότης τοῦ ἀλόγου μέρους τῆς ψυχῆς ὑποτακτικῶς ἔχειν ἐθιζομένου τῷ λόγῳ. ἄλλως· ἄλογον μέρος τῆς ψυχῆς εἰθισμένον ἐπακούειν τῷ λογικῷ . . . ἡ ποιότης ἀλόγου μορίου ψυχῆς, ἡ ψυχῆς τοῦ ἀλόγου μέρους ποιότης, κατ' ἐπιτακτικὸν λόγον δυναμένη τῷ λογικῷ ἐπακολουθεῖν. οὕτω μὲν οὖν οἱ κατὰ Πλάτωνα φιλοσοφοῦντες ὁρίζονται. Quod bis motus facile addas τοῦ μὲν ἀλόγου μέρους . . δυναμένου δ' . . autoris nostri doctrinae contrarium est; is enim supra II, 1. 1219 b, 28 ἄλογον μέρος non probat. sed dicit: ὑποκείσθω δύο μέρη ψυχῆς τὰ λόγου μετέχοντα . . . disertim addens εἰ δέ τι ἔστιν ἕτερον ἄλογον, ἀφείσθω τοῦτο τὸ μόριον. nihil ergo hic requiri videtur, nisi ἦθος τῆς ψυχῆς . . δυναμένη ἀκολουθεῖν. Minime tamen sibi constat; statim enim 1220, 10 sequitur αἱ δ' ἠθικαὶ τοῦ ἀλόγου μέν, ἀκολουθητικού δέ κατά φύσιν τῷ λόγον έχοντι. ut haereas quid iste h. l. scripserit. 6. λεκτίον δή κατά τί τῆς ψυχῆς ποῖ' άττα ήδη] Bekk. δή tacite, recte, ceteri δέ. unde δέ και κατά coniéceram. Genitivus τῆς ψυχῆς unde dependet? tum τά ήδη requiritur; definitio modo inventa longius procedit, ut certa sit correctio κατά τί τῆς ψυχῆς ποιότης τά ήδη. Similiter II, 3, 1220 b, 35 postquam άρετήν μεσότητά τινα esse ostendit, sic pergit autor: λεκτέον άρα ή ποία μεσότης άρετή και περί ποία μέσα. 7. έσται δέ κατά τι τάς δυνάμεις τῶν παθημάτων] parum placet futurum tempus pro έστι. ceterum παθών mentio deest quam ex Nicom. II, 4 expleas: έστι δέ κατά τε (τά πάθη, οἷς έπεται ήδονή και λύπη, και κατά) τάς δυνάμεις τῶν παθημάτων. at ipse autor dicit και κατά μέν ταῦτα οὐκ έστι ποιότης. ergo πάθη non nominavit et nihil desideratur. 8. ώς παθητικοί] Nic. II, 4 παθητικοί τούτων. nonne idem et hic reponeudum? ώς h. l. parum aptum est. 9. λέγονται] nonne έχειν decet? vix hoc vel propter annominationem deesse potest. Nicom. II, 4. Stobaeus II, 298. Magn. Mor. I, 7 έξεις δ' εἰσί καθ' άς πρός τά πάθη έχομεν εὖ ή κακῶς. scribendum τῷ πάσχειν έχειν πως. 10. καθ' άς] om. Aldus sed casu ut videtur, vertitur enim folium verbis καθ' έξεις, incipit folium versum πρός τά. 11. άπηλλαγμένοις] Sylb. άπειλεγμένοις vel κατειλεγμένοις ut interpres ex affectuum enumeratione. (έπηλλαγμένοις Bernays Grundzüge p. 196, διειλεγμένοις Rassow observat. p. 9, malim διηλλαγμένοις). 15. πάσχει] πάσχειν an πάθος? ut ap. Stob. p. 34. 17. έρωτικός] non habet contrarium, ut ét quod praecedit et quod sequitur, nec έρωτικός in catalogum receptus est. 19. σωφροσύνη δειλία] transpone ut contraria sint vocabula.

II, 3, 21. συνέχει και διαιρετῷ] ex Nic. II, 5 prius tautum ap. Stob. p. 298. 26. ή μέν γάρ κίνησις συνεχές] συνεχές? 27. βέλτιστον] nonne βέλτιον scil. quam πρός άλληλα vel τό τοῦ πράγματος. Nic. II, 5. 32. έκάτερον quod om. Stob. p. 300 del. 37. έκ τῆς ύπογραφῆς] catalogus refingendus ex sequenti ordine quo contraria adduntur; longior expositio paululum recedit infra III, 1:

ὀργίλος - ἀνάλγητος
θρασύς - δειλός
* - * (deest ἀναίσχυντος - κατάπληξ ex catalogo supplendum)

ἀκώλαστος	-	ἀναίσθητος
5. κερδαλέος	-	ζημιώδης
ἀλαζών	-	εἴρων
κόλαξ	-	ἀπεχθητικός
ἄρεσκεια	-	αὐθάδεια *)
τρυφερός	-	(ἀνώνυμον)
10. χαῦνος	-	μικρόψυχος
ἄσωτος	-	ἀνελεύθερος
σωλάκων	-	μικροπρεπής
ταπούργος	-	εὐήθης
φθονερός	-	(ἀνωνύμον)

Ethic. Nicom. II, 7. III, 9—V.	Ethic. Eudem.	Magn. Moral.
ἀνδρία	ἀνδρία	ἀνδρία
σωφροσύνη	σωφροσύνη	σωφροσύνη
ἐλευθεριότης	πραότης	πραότης
μεγαλοπρέπεια	ἐλευθεριότης	ἐλευθεριότης
μεγαλοψυχία	μεγαλοψυχία	μεγαλοψυχία
πραότης	μεγαλοπρέπεια	μεγαλοπρέπεια
		νέμεσις
ἀλήθεια	νέμεσις	σεμνότης
εὐτραπελία	αἰδώς	αἰδώς
(φιλία) **)	φιλία	εὐτραπελία
αἰδώς	σεμνότης	φιλία
(νέμεσις)	ἀλήθεια	ἀλήθεια
δικαιοσύνη	εὐτραπελία	δικαιοσύνη
	δικαιοσύνη	

38. ἀναλγησία] ita supra v. 17 et p. 1221, 16. nostrum locum intelligit III, 3 διεγράψαμεν δὲ καὶ ἀντεθήκαμεν τῷ ὀργίλῳ καὶ χαλεπῷ καὶ ἀγρίῳ (πάντα γὰρ τὰ τοιαῦτα τῆς αὐτῆς ἐστι διαθέσεως) τὸν ἀνδραποδώδη καὶ ἀνόητον quod ipsum nil aliud est nisi ἀνάγκιον, nollem enim ἀνώργητον reponere quo noster non utitur. (Magn. Mor. I. 22 habent

---

*) Vides hoc uno loco abstractum pro concreto, rem pro homine appellari.
**) In expositione tacite omittit quod infra lbr. VIII et IX accurate excutitur.

utrumque.) Theophrastus ap. Stob. p. 302. ἀοργησία Aristot. dicit. II, 7. sed dubie τῶν δ' ἄκρων ὁ μὲν ὑπερβάλλων ὀργίλως ἔστω.. ὁ δ' ἐλλείπων ἀόργητός τις. ἡ δ' ἔλλειψις ἀοργησία. IV, 11 πρὸς τὴν ἔλλειψιν.. ἀνώνυμον οἶσαν. et deinde ἡ, δ' ἔλλειψις εἴτ' ἀοργησία τις ἔστιν εἴθ' ὅτι δήποτε. ψέγεται. hic medium quod est, non in medio, sed in fine collocatur, ut oppositio clarior evadat. p. 1221, 3. φθόνος ἀνώνυμον νέμεσις] nihil de codd. dicit Bekk.: Aldus σώφρωνος pro φθόνος quod Sylb. correxit; mirum id factum esse praecedente συγγενίνη, integrum hoc comma locum commutavit et fine post v. 12 ponendum est. 4. δίκαιον] immo δικαιοσύνη ut Nic. Magn. Mor. 5. ἀσωτία ἀνελευθερία ἐλευθεριότης] pone post v. 10 ut cum seqq. conveniant, nec omnino separanda sunt quae arctissime cohaerent ἐλευθεριότης μεγαλοψυχία μεγαλοπρέπεια. 11. σαπανηφία] scrib. σαλακωνία, nam immodicus sumptus notandus est, non omnis sumtus III, 6 ὁ δ' ἐπὶ τὸ μεῖζον καὶ παρὰ μέλος ἀνώνυμος. οὐ μὴν ἀλλ' ἔχει τινα γειτνίασιν οὓς καλοῦσί τινες ἀπειροκάλους καὶ σαλάκωνας et idem Magn. Mor. I, 26 ubi male ἀλαζόνεια scriptum est. Arist. II, 7 dicit ἀπειροκαλία καὶ βαναυσία, IV, 6 βάναυσος. 16. θᾶττον] ne quid addas, ex superioribus ἡ δεῖ intelligendum. 18. καὶ ἃ μὴ δεῖ καὶ ὅτ' οὐ δεῖ καὶ ὡς οὐ δεῖ] adverte particulas οὐ et μή, et conf. Nic. II, 3 ἡ ἃς μὴ δεῖ ἡ ὅτε οὐ δεῖ ἡ ὡς οὐ δεῖ. III, 11 ἃ μὴ δεῖ καὶ ὡς οὐ δεῖ. IV, 2 οἷς οὐ δεῖ οὐδ' ὅτε μὴ δεῖ. p. 1222, 2 ὡς μὴ δεῖ ἡ ἃς μὴ δεῖ. 19. ὁμοίως δέ] ante haec excidit oppositio eius qui est ἀναίσχυντος et qui κατάπληξ ut catalogus docet et illud ὁμοίως δὲ quo similem actionem praecessisse docemur, ut infra v. 34 μικροπρεπής adhaeret ἀνελευθέρῳ. 20. ἀκόλαστος [καὶ] ὁ ἐπιθυμητικὸς [καὶ ὁ] ὑπερβάλλων inclusa delenda. 24. ὁ μηδαμόθεν ἀλλ' ὡσγαχόθεν] num ἀλλ' ἡ, ἄς. 26. περιαινῶν] cur compositum verbum? 27. ἀρέσκοι.. αὐθάδεια] cur hoc uno loco abstractum legitur, neque ut in ceteris omnibus homo dicitur; scribo καὶ ὁ μὲν .. ἄρεσκος. ὁ δ' .. αὐθάδης. 38. ἐπὶ πλείοσιν εὐπραγίαις] scrib. πλέον ἐπὶ εὐπραγίαις. 40. ἀνωνυμώτερος] minus notus nomine, Arist. II, 7 et Magn. Mor. I, 27 ἐπιχαιρέκακος dicunt et ipse noster infra III, 7. p. 1221 b, 1. ὑπερβάλλων ἐπὶ τῷ] dele ἐπί. 2. ἐπὶ τοῖς ἀναξίως εὖ πράττουσιν] cum supra ait οἱ ἄξιοι εὖ πράττειν. etiam hic id reponendum esse puto; alias ἀναξίως scribi possit, nam vulgata non retineri potest quod Sylburgius censet. ex Nicom. II, 6.

cf. M. M. I, 8. 21. αύτη] imo αυτί, vel ἀτλή. 24. ἀλλ' οὐ μαχείται]
cf. ad Rhet. I, 13. 26. ἐπι τῷ ἄλλα τὰ τοιαύτα] ἐπι τῶν ἄλλων τῶν τοιούτων. ita necessario scrib. neque placet δέ ἐστι καὶ τὰ. conf. M. M. I, 6,
1146, 8. ἡ ἀναγκαζόμενος] hoc mite dictum, mulieres ἀναγκαζομένας
intelligo, viros non perspicio, an vult ἐ τὰ ἐπιθυμιῶν. ἀκρασία vel simile?
at haec nulla est purgatio. et vid. M. M. I, 15. p. 1222, 1. 3. διορίζονται] ex Nic. II, 2 διὸ καὶ ὁρίζονται τὰς ἀρετὰς ἀπαθείας τινὰς καὶ ἠρεμίας at quid vult πάντες. ineptus est autor si id scripsit.
II. 5, 10. καθ' αυτὸν ἕκαστον] καθ' αυτὴν ἑκάστην. minime, id enim
esset non πρὸς ἡμᾶς quod flagitatur, imo deleto αὐτὸν scrib. καθ' ἕκαστον.
Ald. ἀρετὴν τὴν καθ'. 19. οὐ μὲν . . οὐ δέ] an pro τότε μὲν . . τότε
δέ. imo corrig. οὔτε . . οὔτε. 25. οὐχ ἀεὶ ἐπι ταυτὰ τῆς ἀνισότητος ἡ
ὁμοιότης] scrib. οὐχ ἀεὶ ἐστι ταυτὰ τὰ τῆς ἀνισότητος ἡ ἀνομοιότητος.
idque subiectum est verbi μεταβαίη. 28. οὔτος] imo οὕτως. 39. δέ] in
Nic. haec secunda est ratio πρὸς ἡμᾶς. prima ἐξ αὐτοῦ τοῦ πράγματος,
unde τι exspectas, sed autor unam rationem probare videtur vel coniungere, ut γὰρ sit corrigendum vel δή. p. 1222 b. 5. καὶ αἱ] imo
καθ' ἃς αἱ quibus contrarii habitus oppositi sunt in quibus mediocritas
est. καθ' ἃς ἔχουσι κατὰ τὸν ὀρθὸν λόγον.
II. 6, 35. τέτταρες] an τέτταρας? p. 1223, 2. ἐφ' αὐτοῖς] imo
ἐπ' αὐτοῖς sed semper in his aspiratur v. 6. 8. 9. p. 1225 alibi contrarium
potius evenit. ὅ quod praecedit, scrib. ὅ. deleto τῶν τοιούτων cum M. at ne
sic quidem cohaeret, cur enim πολλά. imo omnia. ergo abundant πολλὰ τῶν
τοιούτων delenda, id ratiocinatio confirmat. explicant illa verba πολλὰ γὰρ (δι)
τῶν τοιούτων vel τοιαύτα idque voluisse videtur Bekkerus. intelligit quod
posteriores et Stoici dicunt τὰ ἐφ' ἡμῖν. Nic. III, 7. 8. οὔτος] scrib. αὐτὸς.
II. 7, 28. δόξειεν] add. ἂν cf. 1224, 5. 28. διαιρετέον] negligenter
scripsit, si modo scripsit ἡ ὄρεξις εἰς τρία διαιρεῖται . . ὥστε ταυτα
διαιρετέον imo considerandum, videndum, διαρθρωτέον. vel simile cf.
b, 29. etiam κατ' ἐπιθ. omisso τό me offendit. fort. διοριστέον p. 1225 b, 17.
38. οἷος πράττειν] er scheint sein Wesen im πράττειν zu haben, und
dieses sein Handeln ist ἀκρατεύεσθαι. sed vide ne οἷος melius pro ὁ scribatur supra. p. 1223 b, 2. καὶ γὰρ ἄτοπον . . γινόμενον] haec hoc
loco posita non intelligo, aptius leguntur v. 37 post verba πρὶν γενέσθαι
ἀκρατής collocata. v. 11. καὶ μᾶλλον τῆς ἀκρασίας] non video quid

velint haec verba; debebatque esse τοῦ ἀκρατοῦς, sed omnia aliena esse videntur. licet tamen et haec et superiora v. c. sic coniungere ἔτι δ' ὁ ἐγκρατὴς δικαιοπραγήσει· ἡ γὰρ ἐγκράτεια ἀρετή. ἡ δ' ἀρετή, δικαιοτέρους ποιεῖ (καὶ μᾶλλον τῆς ἀκρασίας· καὶ γὰρ ἄτοπον, εἰ δικαιότερος ἔσονται οἱ ἀκρατεῖς γινόμενοι). ἐγκρατεύονται δ'. . Notandum Arist. Nic. III, 9 τὰ διὰ θυμὸν ἢ δι' ἐπιθυμίαν negare ἀκούσια esse quinque argumentis. suntque quae Eudem. et M. M. afferunt translata ex Nic. VII. 22. Ἡράκλειτος] ex Nicom. III, 2 vid. Schleierm. p. 505. 24. τὸ αὐτὸ] αὐτὸν M. scrib. τὸν αὐτὸν. rem eandem esse indicant verba τὸ κατὰ τὸ αὐτὸ τοῦ πράγματος.

II. 8, p. 1224, 3. τοῦτο δέδεικται μόνον] expectamus καὶ τοῦτο δέδεικται. uum hoc verbum minus quam ἀπεδείχθη valet? alias enim μόνον quod vix corruptum est, explicari non potest. 16. καὶ ἐπὶ] καὶ melins abesset, est tamen etiam b, 4, item M. M. I, 14. λίθον] ex Nic. II, 1. 18. τούτῳ] scrib. ταῦτα propter αὐτὰ et ἑκούσια. sed v. 22 αὐτῷ stare potest; singulae enim res intelligumtur. 29. ἤδη] male insertis verbis μηδὲ τὸ θηρίον sententiae nexus corrumpitur, aliena sunt illa, nisi comparatio fuit v. c. ὥσπερ, καθάπερ. tum scrib. ὅταν ἢ ἤδη (ἢ δή?) διὰ λογισμὸν πράττον. 33. αὐτὸς ἕκαστος αὐτῷ] melius abesset ἕκαστος. at si autor dedit, ἑκάτερος scripsit, nempe ὁ ἐγκρατὴς et ὁ ἀκρατής: sic b, 10 οὐδέτερος. 21. 23. 28. 35. 36. 37. 34. ἀφίλει] imo ἀφίλων propter ἅ τ' ἀκρατὴς βίᾳ παρὰ τὸν λογισμὸν ubi id verbum finitum addi non potest. hoc dicit ὥστ' ὁ τ' ἐγκρατὴς βίᾳ παρὰ τὴν ἐπιθυμίαν scil. πράττει. quaere an Bekkeri emendatio ἐπιθυμιῶν necessaria sit.

p. 1224 b, 5. προσθείη τὸ] aut προσθείη τὸ. ant si medium in usu est facilius προσθεῖτο τὸ. tum vero coniunge προσκείμενον, κἀκεῖ λύεται. definitionem τοῦ βίᾳ supra dedit v. 22. 9. ἡ καθ' αὐτὸν ὁρμή] imo κατ' αὐτὸν. vel αὐτοῦς, die ihnen angemessene ὁρμή, qua sie solche sind. an καθ' αὐτι̯ν der eo ipso innewohnt? ut in definitione παρὰ τὴν ἐν αὐτῷ ὁρμήν. cur vero v. 8 ἡ ἠρεμίζῃ. id supra deest, v. 12 ἐμποδίζουσαν. et sane ἐμποδίζῃ etiam h. l. verum videtnr. 35. ὥστε μὴ κατὰ φύσιν ἑκάτερος πράττει] grammatica sū requirit, sensus negationem respuit, scrib. μέν. 37. ἀπορίαι] nonne deest αὗται vel τοιοῦται. 39. scrib. ἢ ἅμα βίᾳ καὶ ἑκόντας, εἰ δὲ τὸ βίᾳ ἀκούσιον, ἅμα ἑκόντας καὶ ἄκοντας πράττειν. p. 1225, 2. vid. Nic. III. 1 unde omnia hausta sunt. noster vero distinguit inter βία et ἀναγκασθέντες. 5. πράττωσι] scrib. πράττωσαι πληγαὶ est dativus participii. 7. αὐτὸ τοῦτο] imo αὐτὰ ταῦτα. 23. μὴ ὑπάρξαι ἢ ὑπάρξαι δεῖ] corruptissima. scribe μὴ πρᾶξαι ἢ πρᾶξαι. ἀεὶ etiam interpres vel facere vel non facere et sane haec vera est positio verborum vid. b. 36. 1226 b, 28. b. 31, 24. 14. ἀποκτείνῃ] scrib. ἀποκτείνοι. 18. ἵ, οὐ· ᾠήσει] scrib. ἵ, οὐ· οἴεται is qui supra v. 9 φαίη τις ἄν. 20. θέμενος ἑκόντες] multitudinis numerus animadvertendus. 34. καὶ πρὸς] καὶ delendum vid. p. 1224, 7 sed fort. ideo, quod ante aliam viam ingressus est. tum δεῖ praestare videtur. 36. ὡς βίᾳ] definitioni verae vocabuli ἑκούσιον obstant ii qui βίᾳ quidem sed tamen ἑκόντες faciunt, ut exempl. in Nic. III. 1. corrigo ἑκούσιόν εἰσιν οἱ βίᾳ. mira commentus est nec sensum perspexit qui in marg. P correxit.

II. 9, p. 1225 b, 1. τὸ] scrib. τὸ et ita M. M. I, 16. 2. εἰδότα] scrib. εἰδότα τῷ οὐκ εἰδότα, nisi forte cohaeret cum v. 5 εἰδότα . . τῷ ἀγνοοῦντι. at cur hic disiungitur ἢ ὃν ἢ ᾧ ἢ οὗ ἕνεκα, quod coniungendum esse et exemplum docet et quae v. 6 leguntur καὶ ὃν καὶ ᾧ καὶ ὅ. v. 7 καὶ ὃ καὶ ᾧ καὶ ὅν. ubi transponendum καὶ ὃν . . καὶ ὅ. nam ὃ est quod supra οὗ ἕνεκα dictum. 4. ἤτοι ὡς] vix sanum, de re conf. Nic. III, 2. 8. ὄν] vid. 1228, 5. ne quis ὄντα scribat. 13. δικαίως ἀγνοῶν] insere ἄν. cf. Nic. III, 7. 18. II, cap. 10 et Nic. III, 4. 22. δόξεις δ' ἄν] scrib. δόξειεν. Ald. ζητοῦντι. δόξει δ' ἄν sed nil deest.

p. 1226, 4. διάμετρον] ex Nic. III, 5. 6. deesse videtur ἀγαθή, ἢ κακή, ex Nic. III, 4 nam προαίρεσις habet τὸ ἀγαθὸν καὶ κακόν. at δόξα non haec sed τὸ ἀληθὲς καὶ ψευδές. κοινόν] ante hoc excidisse quaedam videntur δόξαν esse et βούλησιν de omnibus, vid. Nic. 14. δοξάζειν δεῖν] vulg. δεῖ. scrib. δοξάζει δεῖν. 16. βούλεσθαι μὲν καὶ δοξᾶ] deest γάρ. tum cum alterum verbum, alterum substantivum est nonne δοξάζειν, vel βούλησις? 19. πρὸς τὸ ἑκούσιον] nonne νῦν λέγωμεν vel simile addendum? 29. ἐν Ἰνδοῖς] ex Nic. III, 5 ubi Σκύθαι leguntur. 31. ἀλλ' οὐδὲ περὶ τῶν ἐν ἡμῖν πρακτῶν περὶ ἁπάντων] ἀλλ' et ἐν om. P neque dicitur τῶν ἐν ἡμῖν πρακτῶν, aut solus dativus ponendus est aut ἐφ' scribendum. at neque repetitum περὶ stare potest. alterum deleo. 34. Ἰατροί] Nic. p. 1112 b, 4. p. 1226 b. 1. ἐς ἄπειρον] quid infinitum? imo errabunt, ἐς ἀπειρίαν vel simile. et tamen illud ex Nicom. III, 5. p. 1113, 2 unde scrib. esse patet περὶ ἧς ἂν δεῖ σκοπῶσιν. 2. βούλησις

(609)

ἐστι προαίρεσις. ἐστὶν ὡς ἑκάτερον] ἐστὶ προαίρεσις oιυ. P et nomen intelligi potest. at praeter autoris morem. constructio quomodo procedat, non video; num ante ὡς ἐξ ἀμφοῖν ἄρα aliquid excidit, v. c. δῆλον. an ὡς del.? 6. δηλοῖ δέ πως καὶ] offendit particula indefinita praecedente interrogativa πῶς. malim eam abesse. 12. τοῦτο] imo τούτου. 13. ἀναγάγωμεν] ex Nic. p. 1113, 6. 17. ὄρεξις] vide quid dederit auctor. docuit supra προαίρεσιν non esse ὄρεξιν quod non in iis e quibus illa constat sit, θυμῷ ἐπιθυμίᾳ βουλήσει, nunc vero eam ὄρεξιν esse definit. Aristot. supra non dixit ὄρεξιν et sic hoc incommodum vitavit. 18. ἃ καὶ προαιρούμεθα] particula h. l. abundat, non incommode proximo versui inserenda πάντα (καὶ) προαιρούμεθα. 22. παντὸς ἔχοντος ἀνθρώπου] quid hoc? an excidit λόγον. 26. αἰτίων] imo αἰτιῶν. 31 et 32. ἁπρακτῇ] num hoc probum et pro μὴ πράττῃ. iam supra p. 1226, 6 pro οὐ πράττειν vulg. habet ἀπρακτεῖν. item p. 1228, 6. 38. νομοθετοῦσιν] dividunt, num ita graeci, an est νομίζουσιν? p. 1227, 19. δώη] autor coniunctivum esse voluit δῷ ut v. 13. 20 ἀπωδώη p. 1243 b, 10. 23. ἐπ' ἄλλῳ χρήσασθαι] zu einem andern gebrauchen, quaere exempla. 30. τόδε] τοδὶ scrib.

II, 11. p. 1227 b, 35. ἂν ὀρθὸν] ὀρθὸν ἂν M. ἂν ὀρθὸν ἂν vulgat. p. 1228, 19 ὑπολογεῖται] imo ὑπολογεῖ.

III, 1, 22. εἰσί τε ἐν ταῖς ἀρεταῖς] imo ἀρετὴ est in medio, ut Nic. II, 6 ἡ ἀρετὴ ἕξις προαιρετικὴ ἐν μεσότητι οὖσα. supra II, 5 fine αἱ ἀρεταὶ . . τῶν μεσοτήτων. adde ut nunc est, sequens καὶ αὗται pertinet grammatice ad μεσότητες. at dependet ex ἀρεταί. ταῖς om. P. unde fort. corrig. εἰσιν αἱ ἀρεταὶ καὶ. cf. p. 1230, 27. 24. καὶ αἱ ἐναντίαι κακίαι] at quaenam αἱ ἐναντίαι? neque μεσότητες. neque ἀρεταί esse possunt. nam absurdum est. recte P om. αἱ. scrib. καὶ ἐναντίαι αἱ κακίαι scil. ταῖς ἀρεταῖς. 28. πότερον θράσος] P καὶ inserit: scrib. πρότερον καὶ θράσος καὶ φόβον ἐναντία neque enim utrum contraria essent quaesivit, sed ita esse dixit. p. 1230 b, 12 διεγράψαμεν πρότερον. 35. παρωνυμιάζεται] Arist. et Eudemus ἐκ τῶν πτώσεων dixissent. 38. τὰ μὲν . . τὰ δὲ] imo singularis numerus erat ponendus, ut infra v. τῷ μὲν γὰρ θαρρεῖν ἐλλείπουσι, τῷ δὲ φοβεῖσθαι ὑπερβάλλουσιν. quaere, nam in his concinnitas flagitatur, aut τὸ aut τῷ utroque loco restituendum. dativus est p. 1231, 31. 33. p. 1228 b, 5. φοβητικὸς] ignotum Aristotelis

Aus d. Abh. d. I. Cl. d. k. Ak. d. Wiss. X. Bd III. Abth. (81) 3

Nic. 8. ὀλιγάκις] scrib. ὀλίγα ut v. 17. 10. πρῶτον] om. P et ineptum est, natum ex sequenti πρότερον. 12. καὶ] καὶ πολλὰ P recte ut v. 15 et 1232 b, 3. Solvitur quaestio proposita; fortis vir non sustinet τὰ ἑτέρῳ. neque τὰ αὐτῷ. sed τὰ ἑκάστῳ φοβερά. omnis igitur vis inest vocabulo ἑκάστῳ, unde ᾧ delendum erit. post εἴη ἂν αὐτῷ μεγάλα καὶ πολλὰ φοβερὰ desiderantur quaedam, v. c. quae minime talia sunt, ἔστι δὲ τὰ φόβον ποιητικὰ ἑκάστῳ φοβερά. εἴη ἄν] om. P et rite abesse potest. 14. συμβαίνει] nonne συμβαίνειν? 15. ποιεῖσθαι] id vix graecum est; ποθεῖσθαι quod ego conieci, Isingr. in textu. 24. τὰ δὲ τοῖς] fort. ἃ propter concinnitatem. 34. ἐφ' ὧν οἱ πολλοὶ καὶ οἱ πλεῖστοι] quis ita locutus est? dele καὶ οἱ πλεῖστοι nam quicunque ex posterioribus scripsit Eudemia, hoc ineptum vix commisit. 37. καὶ ἐν] exciderunt quaedam; haec enim non de iis qui ῥωμαλέοι καὶ ἀσθενεῖς καὶ δειλοὶ sunt sed iis contrariis dici apparet. 38. ἅλως] v. 34 ἁπλῶς.

p. 1229, 15. ἀλλ' ὅτι] scrib. ἀλλὰ vel addendum ἴσασι, et hoc verum, ita idem repetit p. 1230, 14 et imprimis v. 9. 17. τὰ φερόμενα] an ex Nic. II, 11 καὶ οἱ διὰ θυμὸν ὥσπερ τὰ θηρία ἐπὶ τοὺς τρώσαντας φερόμενοι et infra p. 1230, 23. 25. ἄγριοι θῆρες] ἄγριοι σύες P idque legisse videtur aut. M. M.   p. 1229 b, 2. καὶ δειλοὶ] del. καὶ. 13. φαίνεται] scrib. φαίνεσθαι. 19. distingue ne inepta sit oratio . . ψυχρά, καὶ . . ἵδρως, οὕτω. 26. ἐπομένου P, probo et idem repono v. 27. 34. δικαίως ἀνδρεῖοι] insere ἄν, item v. 38 οὐθεὶς ἀνδρεῖος. p. 1230, 18 φανεῖεν ἀνδρεῖος. p. 1230, 12. θνάγκῃ] 177. 17. αἰτίων] corruptum, scrib. ἀνδρείων. an est, was Veranlassung zur ἀνδρεία ist? at tum non adesset τοιούτων. id homines significari docet. cf. p. 1191, 17.

III, 2, 39. ἰατρευόμενος] scrib. ἰατρευομένος ut κεκολασμένος et τετιμημένος. p. 1230 b, 12. διαγράψαμεν] II, 3 ubi contrarios ἀναισθήτους dixit. 14. τὰς αὐτὰς ἡδονάς] scrib. τοὐτας τὰς ἡδονάς. 15. οἱ δ' ἄλλοις τοιούτοις ὀνόμασι] at quibusnam? ἀναισθήτοις primus dixit Nic. II, 7 οὐδ' ὀνόματος τετυχήκασιν οὐδ' οἱ τοιοῦτοι. idem III, 14 οὐ γὰρ ἀνθρωπικὴ ἡ τοιαύτη ἀναισθησία . . οὐ τέτευχε δ' ὁ τοιοῦτος ὀνόματος διὰ τὸ μὴ πάνυ γίνεσθαι. II, 2 ὁ δὲ πάσας φεύγων ὥσπερ οἱ ἄγροικοι ἀναίσθητός τις. infra noster p. 1231 b, 1 ἡ δ' ἔλλειψις ἥτις ἀνώνυμος ἡ τοῖς εἰρημένοις ὀνόμασι προσαγορευομένη. at unum tantum dedit nomen ἀναίσθητος. 19. οἱ κωμῳδοδιδάσκαλοι] quinam? num vestigia restant?

equidem non memini. conf. Margitem apud Eustathium (Ritter ad Arist.
Poetic. p. 109), monachum et monacham in egregio carmine medii aevi.
28. πρώ;] scrib. περὶ sed etiam p. 1231, 4 item legitur πρώς.
p. 1231, 17. Φιλόξενος ὁ Ἐρυξιδος] Nic. cf. Bergler ad Aristoph.
Ran. v. 961. v. 36. ὥστε σωφροσύνη] fort. ὥστ' εἰ vel ἐπεὶ σ... μεσότης σωφροσύνη sic omnia rite procedunt cf. p. 1231 b, 24 ὥστ' ἐπεὶ
καὶ πρώτης ἡ βελτίστη ἕξις .. ἴδη ἄν καὶ ἡ ..
III, 3. p. 1231 b, 5. καὶ χαλεπότητος] om. P, et in ceteris virtutibus praeter cap. 2 ubi ἀκολασία est, autor oppositionem omittit. ergo
abesse potest. sed v. 8 seqq. quodammodo flagitat ὑπερβολὴν supra iam
indicatam esse. 17. τοιοῦτός ἐστιν] qualis? nam praecedit ὑπερβολή καὶ
ἔλλειψις. ergo utramque! equidem sic repono τοιοῦτός ἐστιν οἷος καὶ ..
πάσχειν. p. 1232, 9. ἐλλείπει τῶν ἀναγκαίων] genitivum non recte
intelligo.
III, 5, 21. μέχρι τοῦ λανθάνειν] scrib. μέχρι τοῦ λανθάνει bis
auf einen gewissen Grad gehen sie unbemerkt vorwärts, v. 25 ὅμοροι
μέχρι τινός. 24. τῷ ἐλευθερίῳ] quid dativus, an dependet ex τοῦ αὐτοῦ?
sane et tum nihil corrigendum, quod si non esset, ubique genitivus esset
reponendus, sed illud suadet etiam v. 25. 28. λέγομεν δή] un δή scripsit? in Aristotele non haesitem, in nostro verum δέ esse videtur.
29. ὥσπερ ἐν μεγέθει τινὶ ψυχῆς καὶ δυνάμεως ὥστε) scrib. δυνάμει nam genitivus ψυχῆς abesse nequit, et autem δυνάμει idem fere
quod μεγέθει. 31. ὅτι καὶ πάσαις] id quod ἐπεί. at subiectum μεγαλοψυχία, non μεγαλόψυχος flagitatur, certe melius esset, vid. v. 37. fort.
verba quaedam exciderunt. imo illud importunum ὅτι corrigendum in
ἔτι. docet nunc μεγαλόψυχον convenire cum multis aliis virtutibus ut
hae illum, aut ille has sequi videatur; nam recte de omnibus indicat,
idque in singulis singulae efficiunt virtutes, tum καταφρονητικός est, quod
item singulae virtutes efficiunt. nihilominus singularis et diversa est
virtus. b 25. 34. ἰδία] ineptum, dele quod natum ex sequenti ἡ δέ.
37. καὶ ἡ ἀρετή] male addita sunt. Die μεγαλοψυχία beurtheilt das
μεῖζον und ἔλαττον richtig und wieder jede einzelne ἀρετή eben so nach
dem λόγος, wie der σοφός und φρόνιμος es bestimmt, so dass die μεγαλοψ. allen ἀρεταί zu folgen scheint, oder diese ihr. vix igitur stare
possunt illa verba; debebat potius dicere καὶ ὁ λόγος. neque ἅπερ placet,

3 *

pro καθάπερ. p. 1232 b, 1. ἀνδρία] quidquid conor, nulla evadit concinnitas; ἀνδρία non convenit cum σώφρων. ἐλευθέριος. et ἀνδρείως si scripseris, recalcitrat ἡ ἀρετή. praestat tamen posterius propter verbum οἴεται. nonne κινδύνων μεγάλων. ut ἡδονῶν μεγάλων? at in tertio quoque desideratur, nisi hic fortasse fuerit καὶ πολλῶν [καὶ] ἐλευθέριος χρημάτων. vel χρημάτων (μεγάλων). μεγαλοψύχου. 10. εἶναι] et v. 11 φροντίζειν pendet infinitivus ex δοκεῖ v. 38. b 4. 12. scabra fere dictio περὶ τιμῆς. . οὐδὲν φροντίζειν περὶ τῶν ἄλλων πλὴν περὶ τιμῆς. 16. ὁμολογεῖσθαι] imo ὁμολογεῖται. neque indirecta oratio hic locum habet. 18. ὑπὸ πολλῶν τῶν τυχόντων] non καὶ inserendum, vid. v. 7. 19. τῷ] praestat, ni fallor, τό. 26. ὥσπερ] non falsum quidem, sed melius est ὅπερ quod adiectivum verbale λεκτέον indicat, et τὸν μεγαλόψυχον in sequentibus illustrat. p. 1233, 3. καὶ τοιοῦτός ἐστιν οἷος ἀξιοῦν ἑαυτόν] at hoc idem quod praecedit est, scrib. ἀξιοῖ. und der so ist, wie er sich würdigt und darstellt i. e. nicht zu viel und zu wenig aus sich macht.

6. καὶ τοῦτ' ἀποδίδομεν καὶ οὐ περὶ τὰ χρήσιμα τὸν μεγ.] i. e. cum in hoc versetur, non in pecunia vis et virtus eius qui μεγαλόψυχος est. χρήσιμα vix sanum est pro χρήματα. nam χρήσιμος est etiam τιμή.

21. ἄξιον ἀξιοῦν] insere μικρῶν quod oppositio flagitat; atque hoc praestat ei rationi qua in praecedentibus ἀξιοῦν aute vel post μεγάλων addatur. οὔτε τῷ] sequitur alterum membrum καὶ ὁ αὔτις. id notandum, ne οὐδὲ corrigas. et tamen id reponendum, vulg. τῷ μὴ μεμπτός. 28. ἢ ἔτι ἐλαττόνων] vulg. ἢ τοι ἐλ. P ἢ ἐλ ἔτι haec corrupta sunt neque eorum invenio emendationem, sed priora quoque corrupta τί ἂν εἶπoι ἐλ. ex Nicom. IV, 7 emendanda, ubi eadem verba τί γὰρ ἂν ἔποιεν, εἰ μὴ τοσούτων ἢν ἄξιος. et praecedunt ibi quoque verba ἔτι ἐλαττόνων, sed ineptus sum qui ex his verum non inveniam. [integer locus Nic. est: ὁ δὲ μεγάλων ἑαυτὸν ἀξιῶν ἀναξίως ὢν χαῦνος. ὁ δὲ μειζόνων ἢ ἄξιος οὐ πᾶς χαῦνος. ὁ δ' ἐλαττόνων ἢ ἄξιος μικρόψυχος, ἐάν τε μεγάλων ἐάν τε μετρίων, ἐάν τε καὶ μικρῶν ἄξιος ὢν ἔτι ἐλαττόνων αὐτὸν ἀξιοῖ. καὶ μάλιστα ἂν δόξειεν ὁ μεγάλων ἄξιος· τί γὰρ ἂν ἐποίει, εἰ μὴ τοσούτων ἢν ἄξιος: non puto ex nostro autore hic quemquam τί γὰρ ἂν εἶποι, εἰ repositurum esse. conf. Nic. VII, 6, 1148, 20. VII, 8, 1150, 30. Lacuna esse videtur, cuius sententia fortasse talis fere fuit: εἰ γὰρ ὁ μεγάλων ἀξιῶν (αὐτὸν ἀναξίως ὤν) χαῦνος ἢν (ὁ μικρῶν ὢν ἄξιος μικρό-

(613)

ψυχος αὐτῶν ἀξιώσει), ἔτι ἐλαττόνων. Sed ἔτι in Nicom. om. K et vereor, ne in hoc loco expediendo nunc iam multo ineptior sim.]
III, 6. p. 1233 b. 11. ᾤετο] quis? secundum Plut. Themist. cap. 5 Graeci, οὐκ ἤμυσκε τοῖς Ἕλλησιν, ergo ᾤκτο nisi fort. comici nomen exciderit. 19. ὁ μὲν φθόνος τῷ λυπεῖσθαι] homo, non res notandus est, scrib. φθανερὸς τῷ vid. p. 1221, 38. 21. ἐπὶ τὸ αὐτὰ] non intelligo, an fuit ἔστιν αὐτῷ? 32. μήτε πρὸς] scrib. μή. 35. μηδὲν πρὸς ἕτερον ζῶν καταφρονητικὸς] deest coniunctio, ζῶν καὶ κατ. ut vulg. inserit ἀλλά. vix operarum mendum est Bekk. ed. nam ἀλλά parum aptum esse oppositio docet, nisi quod ibi ἡ καὶ nimium fere est, et alterum abundat: malim utroque loco simplex καὶ. 38. ὃν κακοῖσιν εὐθίκαστον] Nicom. IV. 13. p. 1234, 9. ὁ μὲν γὰρ οὐθὲν γλυκον ἀλλὰ χαλεπῶς προσίεται] hoc ἀλλὰ pro ἡ vix graecum est. 15. καὶ τῷ εἶς αὐτὸν] fort. κἂν εἰς αὐτόν. 20. ἴσται] scrib. ἔστι. 29. ἑκάστῃ πως ἀρετή, καὶ φυσικαὶ ἄλλως μετὰ φρονήσεως] scrib. ἀρετή καὶ φύσει καὶ ἄλλως vel φυσική καὶ. argumentis hanc emendationem confirmavi in Commentat. pag. 57.
b, 11. τὸ δὲ τρίτον] nota δὲ praecedente τε v. 8, sed fort. τε reponendum.
VII. p. 1234 b, 19. ἡ φιλία] om. P et iure abesse potest. πᾶσα ἐστὶν] scrib. πόσαι εἰσίν. ἔτι δὲ πῶς χρηστέον τῷ φίλῳ] non expositum est in Eudemiis, exstat vero in fine Magn. II. 17, ut in nostris excidisse videatur. 29. ἀλλ' εἰς φίλους ποιῆσαι] ἀλλήλους Bekkerus quod ipse conieceram, sed melior est medicina et levior ἄλλους. φίλους ποιήσει wenn er will, dass andere ihm kein Leid thun, wird er sie zu Freunden machen. 25. καὶ τὸ ἄδικον] melius abessent et parum apte posita sunt. p. 1235, 5. ὡς οἱ ἔξωθεν περιλαμβάνοντες] cap. 5. 1239 b, 7 hunc locum repetit ἐπεὶ δὲ τὸ φίλον λέγεται καὶ καθόλον μᾶλλον ὥσπερ καὶ κατ' ἀρχὰς ἐλέχθη ὑπὸ τῶν ἔξωθεν συμπεριλαμβανόντων. vix tamen verum est verbum pro παραλαμβάνειν vid. ad Anaxim. p. 192 intelligit qui ex rebus externis concludunt, ut naturae exempla animalium ostendunt λύκου, κολοιοῦ, atque inde amplificantes universale aliquid invenisse sibi videntur. 20. αἱ μὲν γὰρ] deest verbum ut v. 5 φασὶν, tum duae tantum contrariae sunt sententiae, ὑπολήψεις, unde male αἱ μὲν .. οἱ δὲ legitur, scribe: ἡ μὲν γὰρ .. ἡ δὲ. pergit enim statim δύο μὲν αὗται δόξαι, non placet τῇ .. τῇ. 33. δὲ] quidni γὰρ?

p. 1235 b, 3. τό τε γὰρ ἄχρηστον τῷ ὁμοίῳ] imo τό τε γὰρ ὅμοιον ἄχρηστον. 8. ἄτε εὐτυχίας] scrib. ἀτυχίας, non recte vulg. defendit Sylb. p. 286; probam quidem vulgatam esse credas sic: in rebus secundis tantum amici fieri videntur, infelicem enim omnes fugiunt, at oppositio aliorum tamen verum esse ἀτυχίας docet, v. 9. 1238, 15. 13. τρίτος] κοινῶς codices, fort. λόγος vel λοιπὸς λόγος ut v. 17. 18. ἐὰν ἔστιν ὡς ἀληθὲς ᾗ τὸ λεγόμενον, ἔστι δ' ὡς οὔ] Bekkerus ἔστι μὲν ὡς, et ita II, 9. 1225 b, 12 item infra VII, 2, 1236 b, 21, et saepe hoc in Aristotelis scriptis invenitur. At non minus probum esse ἔστιν ὡς .. ἔστι δ' ὡς οὔ, neque μὲν si codicibus desit, inserendum esse, hi loci ostendunt, Physic. VIII, 8, 263 b, 4 (VIII, 4, 255 b meliores libri μὲν om.), Anal. post. I, 1, 71 b, 6 (I, 33, 89, 29 om. 13, pr. A.). Meteorol. III, 6, 378, 32 (cod. E), de mem. 2, 471 b, 7. Soph. el. 19, 177, 22 bis, 30, 181 b, 7. de parte anim. II, 2, 647 b, 18. 38. ἴδιον] cur comparativa forma? sic etiam 1238, 28 γλύκιον. p. 1236, 7. τὸ ἀγαθὰ] nonne τὸ ἀγαθὸν ex usu in hac re? 10. τὸ δὲ τινί, ᾗ φαινόμενον] certe distinguas τινί ᾗ, ut praedicatum sit τινί, at melius est ut cum iis quae praecedunt conveniat τὸ δὲ τινὶ φαινόμενον, ut ἁπλῶς ἰδὲ quod est ἁπλῶς ἀγαθὸν, at τὸ τινὶ ἰδὲ est φαινόμενον ἀγαθόν. 24. καὶ πρῶτον καθόλου] nonne τὸ deest? 30. ἢν ἰδῇ] vix sana haec, num vocabulum τρία excidit? 35. τὸν οἰκτρὸν φίλον] sic libri, non male Sylb. τίμιον φίλος, si id solemne quod dubito, sensu certe in requiritur fort. ἀνὴρ τίμιος φίλος. p. 1236 b, 6. μόνον] puto μόνως. singularis ex multitudinis numero intelligendus est, nisi supra ἐν ἀνθρώπῳ scribendum. 14. ἀδικούμενα] nonne ἀδικοῦντες ut Nic. VIII, 5 οἱ γὰρ κακοὶ οὐ χαίρουσιν ἑαυτοῖς? 23. δυνατὸν] scrib. ἀδύνατον. 26. δ' ἁπλῶς] aegre careo articulo τὸ. 29. ὁ δι' αὑτὸν αὑτὸς αἱρετὸς] bis αὑτὸν P unde αὑτὸς delendum videtur; nolim ut est VII, 12, 1245 b, 17 ex Graecorum more δι' αὑτὸς αὑτὸν, neque infra pronomen redditum ἀνάγκη δ' αὑτὸν εἶναι. Quae sequuntur corrupta sunt; apodosis neque in ἀνάγκη δ' εἶναι, neque in διὸ δοκεῖ, sed quod sententiae ratio docet, in ὁ [δ'] ἀληθινῶς φίλος quaerenda est; integer locus ni fallor sic restituendus: ἐπεὶ .. ὁ δι' αὑτὸν αἱρετὸς .. τοιοῦτον· ᾧ γὰρ βούλεταί τις δι' αὑτὸν εἶναι τἀγαθὰ, ἀνάγκη καὶ (δι') αὑτὸν αἱρετὸν εἶναι, ὁ ἀληθινὸς ..

37. τύχῃ] corruptum neque video quid lateat; nam τὰ ἁπλῶς κακὰ

non fortuito ἄν τύχῃ, sed omnino ψεκτά sunt. 39. οὕτως] recte Bekk. coniecit αὑτῷ, quamvis si οὕτως scripsit idem significetur, scil. ut πρὸς αὑτὸν sit bonum. p. 1237, 4. ἄνθρωπος ὤν] quid nominativus? ante verba εὐθέτως δὲ καὶ πρὸ ὁδοῦ plura exciderunt, e quibus evaderet conclusio ἀνάγκη εἶναι τὰ καλὰ ἡδέα. 14. puto sic cohaerere verba καὶ τὸ καλὸν τοιοῦτον scil. ἁπλῶς ὡφέλιμον, tum quaedam desiderantur. v. c. οἷον τὸ. 16. ἔστω] imo ἔστι. 21. haec omnia corrupta, neque quomodo sint restituenda video. [nonne hoc vult autor καὶ ἐν ποτέρῳ ποτ' ἐστὶ τὸ φιλεῖν [καὶ] πότερον ὅτι ἀγαθὸς κἄν εἰ μὴ ἡδὺς ᾖ μοῦ, ἀλλὰ διὰ τοῦτο;] 23. nonne φιλεῖν excidit, cf. v. 30, p. 1236 b, 35? facile intelligi potest. p. 1237 b, 7. ἀγαπᾶται γὰρ τὸ εἰνοεῖν, οὐζῇ δὲ μὴ] quis graece ita dixit pro οὔ συζῇ δέ? 26. ἂν δεῖ] scrib. ἔδει. p. 1238, 7. nonne hic loci corrupti sensus est: ὥστε ὣς ἔστιν ἁπλῶς ἀγαθὸς καὶ ἄλλῳ, ἁπλῶς μὲν ὅτι σπουδαῖος, ἄλλῳ δ' ἀγαθὸς ὅτι χρήσιμος. 20. χρήσιμον τυχὼν. ὁ] Aldus χρήσιμον ἄτυχ ὁ ut plura deesse credas, sic saepe fallunt principes editiones in his rebus et nullam fidem merentur. 36. nonne φαύλως ἢ φαῦλοι μισθίτεροι. p. 1238 b, 1. ἢ οὐδέτεροι] non intelligo. 6. τὰ ἁπλᾶ] imo τὰ ἁπλῶς et v. 7 ἁπλῶς ἀγαθῶν pro ἁπλῶν. ἡ πενία] scrib. εἰ haec enim est illa conditio. 13. σπουδαίω] recte P σπουδαίῳ scil. οἱ φαῦλοι et οἱ μὴ σπουδαῖοι, id si probas, necessario εἶεν ἄν cum vulg. reponendum. 23. ἄλλῃ] ἄλλῳ P puto ἄλλαι, et fort. καὶ add. 25. ἡ δὲ εὐεργέτου) insere ὥς. 27. τῷ ἀντιφιλεῖσθαι] fort. ἀντιφιλεῖ. καὶ ἀρχομένῳ] aut delenda sunt aut scrib. ὁ ἀρχόμενος. 30. οὐδέν] quid hoc? nonne delendum. 37. τίς] cuius? an αὑτοῖς? tum εὔρχει τείχος? Nic. VIII, 5. p. 1239, 6. φιλεῖ δέ γε καὶ φιλεῖται] man kann nicht sagen, er sei φίλος, aber das Verbum gilt, er liebt und wird geliebt. nonne δέ τι καί? 11. nullum adest verbum ad τὰ δέ, adde mirum ἀεὶ in quo ipso necessitatis uotio desideratur, fort. igitur ἐπιψυχὴν δεῖ τῶν. 15. ὥσπερ ἐν ξύλῳ σιωθμῷ ἀλλ' ἐν χρυσίῳ] nonne χρυσίου? 20. τὸ ἀντιφιλεῖν δ' ἐστὶν ἄνευ τοῦ φιλεῖς εἶναι] num hoc verum est? nonne δ' οὐκ ἔστιν. 31. τίς . . ἡδονῆς] scrib. τῇ . . ἡδονῇ scil. χαίρων. p. 1239 b, 1. συμπεφύλαμβανόντων] scrib. συμπαραλαμβανόντων vid. ad p. 1235, 5. 13. μεταβάλλεται] nonne μεταβάλλει? 31. Nic. VIII, 10 fine. διὸ οὐ τῷ] fort. διὰ τὸ οὕτω. 37. ἐπιθυμίᾳ οὐκ] nonne ὅτι inserendum? p. 1240, 6. αἵ τε φίλοι] nonne *τε* delendum? nam κensus esse videtur, λέγονται οἱ φίλοι καὶ φιλοῦντες καὶ φιλούμενοι. 15. δι' ἅ . . οὗτος] scrib. δι' ἅ . . οὕτως posterius ex *P*. tum φίλος ὡς ἐπὶ... εἴρηται. 16. ἑκὼν ἢ ἄκων] scrib. ἑκὼν καὶ ἄκων. 18. ὅμοιοι] scrib. ὅμοια. 20. διῃρημένων] scrib. διῃ- ρημένοις. tum εἰ δὴ δύο. Nic. 1166, 35. 22. ὡς οἱ λοιποὶ] ὡς includit Bekkerus, recte quidem, sed fort. est εἶσιν vel ἴσοι λοιποί. 27. μὴ τῷ τὸ εἶναι ταύτῳ ἂν δόξειεν] locus ex *P* suppletus, Aldus μὴ τὸ δόξειε duorum fere versuum vacuo spatio relicto, sensus ni fallor est: qui eum cuius mortui bona dividere potest, salvum cupit, hunc amare videtur, ergo certum videtur τῷ μὴ εἶναι, τοῦτον ἄν, et accusativum τοῦτον necessario dativis ᾧ v. 26 et 28 requirit; de iis, quae praece- dunt κἄν εἰ μὴ διανέμοιεν incertus haereo. 30. δή] imo δέ. 31. ὁ μέν] ita et Aldus Sylb. οἱ . . οἱ δέ. Tauchn. recte quod ταυτοῖς docet, et add. fort. ᾗ. 32. οἱ δὲ τὸ] scrib. οἱ δὲ ἂν μὴ τὸ. 37. μάλιστά τε] τε del., neque γε scrib. 39. ὅτι μὴ ἐγγύτατα] μὴ delend. p. 1240 b, 3. καὶ μὴ μόνον φιλίαν] dele μή. ut saltem evadat sententia, sed haud dubie aliud latet quod non intelligo. 6. οὐδὲ χάριτος οὐδὲ λέγει ὅτι ἐπαίρουν ἢ εἰς] corrupta haec quae vix intelligas; quae sequuntur δοκεῖ γάρ . . φιλεῖν. sana quidem sunt, sed parum apto loco posita videntur; supra enim quid sit inter ,βούλεσθαι φιλεῖν et φιλεῖν VII, 2, 1237 b, 18 exposuit. omnino mirum e sex locis primum multis confirmari, reliquos quinque solo verbo indicari ut τὸ εἶναι, τὸ σῴζειν, sed hoc autoris negli- gentia factum est; ergo locus corrigendo et interpretando adiuvandus est. res eadem in Nicom. IX, 4 φιλίαν omnem derivatam esse ex amore erga se ipsum, wer sich selbst Gutes gethan hat, sagt es nicht aus und verkündet es. wie man das so gerne thut, wenn man Anderen etwas gewährt, und rühmt sich dessen, denn damit beweist man mehr das φιλεῖν βούλεσθαι, als das wirkliche φιλεῖν. fort. οὐδὲ χάριτας [οὐδὲ] λέγει. 15. ἐφεκτὸς αὐτὸς αὑτῷ] imo αὐτοῦ. 19. ὅτι γάρ ᾗ ὅμοιος] postremum recte Bekkerus pro ὅμοιοι, sed reliqua sic refinge: ἔστι γὰρ ᾗ. 23. ὁ μεταληπτικός] scrib. ὁ μεταμελητικός. Nic. IX, 4. 1166, 29 et b, 24 de eadem re ibi ἀμεταμέλητος (iam Casaubonus). p. 1240 b. 32. deest negatio, sed nescio ubi interponatur, fort. ζώων οὗ. οἴον. 34. δ' ἤ] nonne δή. 37. συγγενεῖς ἔτι] ἔτι συγγ. *P* malim εἶσι συγγ. praecedentem varietatem cod. P διαφέρωνται omisso κἄν qui codex in his libris maximae est autoritatis, non intelligo. VII, 7. p. 1241, 5. ἐν τῇ χρησίμῃ] sic 1243, 2, sed v. 7 τῆς χρησίμου, v. 35 χρησίμη talis inest inconstantia. 6. χρήσιμον] scrib. χρήσιμως, supra male desiderari οὔτ' ἐν τῇ κατ' ἀρετὴν censet Sylburg. p. 289, non vidit v. 10 ἠθικὴν φιλίαν id significare atque in hac primaria amicitia versari benevolentiam, ex Nic. bis tantum si recte memini VIII 15 et alio sensu. 7. ὥσπερ καὶ ἡ εὔνοια οὐκ αὐτοῦ εὔνοια] sic Bekk. sed tria postrema verba om. P. Aldus atque ceteri ὥσπερ καὶ ἡ οὐκ αὐτοῦ εὔνοια non male iam Aretinum supplesse video φιλία ap. Sylb. nisi accuratius sit reddendum καὶ ἡ κατ' ἀρετὴν φιλία. 8. εὐναιζομένοι] quaere an verbum sit iustum, nec lateat εὔνοιαν χαριζομένου. 9. εἰ δ' ἦν ἐν τῇ τοῦ ἡδέως φιλίᾳ] scrib. εἴτ' ἦν .. φιλίᾳ quod Sylburgium non correxisse miror. 15. διακεῖσαι γάρ] transit ad alteram notionem ὁμόνοιαν finita et absoluta εὐνοίᾳ. ergo γάρ stare nequit, exspectamus δέ: at videtur potius esse vitium ὁμοιοτελεύτου et excidisse tale quid quod in M. Mor. II, 12 ἡ δ' ὁμόνοιά ἐστι μὲν σύνεγγυς τῇ φιλίᾳ. 17. cur ἡ φιλικὴ ν̓ male additum ex Nic. IX, 6. 18. haec omnia corrupta sunt, quorum sensus, si quid video, hic fere fuisse videtur, εἰ δὲ μόνος, ὁμονοεῖ καὶ κατὰ διάνοιαν καὶ κατὰ ὄρεξιν. ἔστι γὰρ ἐναντίον τὸ νοοῦν καὶ τὸ ἐπιθυμοῦν nam de homine dicit haec secum ipso ὁμονοοῦντι ut ἀκράτοις docet exemplum. 20. ταῦτο οὕ] libri, οὗ Bekk., at contra linguam, scrib. ταῦτα ἅ vel τοῦτο ὅ. 22. γε] scrib. γάρ. non δί. 23. δέ] scrib. δή. nam concludit.

VII, 8, 35. ex Nic. IX, 7 ubi haec multo melius et accuratius excussa sunt. 40. φυσικόν] Nic. φυσικώτερον. p. 1241 b, 1. δή] nonne δί? 5. recte delevit Bekkerus translata ex v. 7. 3. nonne τὰ necessarium est? vel potius καὶ τοῦ τὸν γεννήσαντα τὰ γεννώμενα.

VII, 9, 12. ἰσότης ἡ φιλότης] del. artic. ut supra p. 1240 b, 2. 20. haec non intelligo, corrupta sunt. ea ex Nicom. VIII, 13 sub finem; dele οὐδὲν ante οὐδέ, servus, corpus etc. pertinet ad unum ad ψυχήν, δεσπότην, est quasi organon. non vero altera pars, ergo subiecta haec sunt. sed non perspicio v. 22 τὸ ἀμφοτέρων — ὄργανον ἀφαιρετόν, melius in Nic. ὄργ. ἔμψυχον ut oppositio evadat et traductio vid. p. 1242, 13—19. 28 ubi h. l. laudat, unde sane noster et explicandus et emendandus.

25. ἡ del. Nic. VIII, 1 fine. 26. ὅτι πολιτεῖαι] nil significat, et fort. varietas est seqq. αἱ δὲ πολιτεῖαι. 27. οἰκείοις] scrib. οἰκίαις p. 1242 b, 1. 29. τῶν] del. 37. ἀριστοκρατικὴ ἀρίστη] del. ἀρίστη. VII, 10. p. 1242, 1. δὲ] imo δή. 6. πρεσβείων] πρέσβειον P haud dubie melius, sed sensum non recte intelligo. 8. αὐτάρκη] corruptum, αὐταρκεῖν Isingr. quod ego conieci, αὐτάρκης εἶναι Sylb. quidni etiam αὔταρκες? 9. quomodo ἡ παρ' αὐτὴν παρέκβασις? nonne et ἀδείμων? 13. συνῆλθον] scrib. συνῆλθεν. 17. scrib. et distingue: ἔστι, καὶ τὸ τρεπτάτῳ et ita sane P. 23. οἰκονομικὸν] scrib. κοινωνικὸν sed totus locus corruptissimus. Ald. ὁ γὰρ ἀνθρώπιον μόνον οὐ πολιτικὸς, et fort. ita omnes libri, quamvis Bekk. de οὐ πολιτικὸς taceat. Cur deinde ποτε? At quid sibi volunt verba ἀλλ' αἱ διάδυμον αὕλικόν. Haud dubie leviter corrupta, v. c. ἀλλὰ Ιδίᾳ οὐ μοναυλικὸν homo non μόναυλος vel μοναύλως, quaere. p. 1242 b, 7. ἀνεστραμμένως] scr. ἀντεστραμμένως et sic M. 13. ἐξήνεγκεν] scrib. εἰσήνεγκαν. 21. κατ' ἴσα] scrib. ἴσον. 28. οὔτε τὸ γυναικὸν οὔτε τὸ βασιλικὸν] at haec nulla est oppositio, in vulg. deest ὡς quod Bekk. dedit. 30. τοῦ ἀγαθοῦ ἡ τῆς λιτ] cur genitivus? 35. scrib. ὅταν μὲν οὖν καθ' ὁμολογίαν (ᾖ). ἡ πολιτι φιλία νομική deleto καὶ quod nullam habet sedem. 37. μάλιστα ἔγκλιμα] scrib. μάλιστα τὰ ἐγκλίματα. de re vid. Nic. VIII, 15 unde omnia hausta sunt. p. 1243, 2. ἐν τῇ χρησίμῃ τῶν τριῶν πλεῖστα ἐγκλήματα] articulus obesse non potest, et fort. πλεῖστα τὰ ἐγκλ. pro τά πλεῖστα. 3. scrib. ἀνέγκλητος. 10. οὐ πέρυκε] quid hoc? bonis non est δίκαιον? imo his est semper erit, corruptum est et latet, nescio quid. num αὐτοῖς πέφυκε δικαίοις εἶναι. 11. καὶ τοῖς συναλλάττουσιν] inepta καὶ τοῖς, nam verbum non est participium, sie schliessen Verträge als ἀγαθοί. sed P καὶ τῆς τοῖς, in Nicom. est τοῖς κατὰ πίστιν συναλλάξαντας. num hoc idem reddendum est? 15. τὸν δίκαιον] scrib. τό. 16. ποίων ᾖ] scrib. ποῖον ἐν τῷ λεπουθότι, ita ut alterum membrum nunc quidem omitteret autor ἢ πρὸς τὴν προαίρεσιν vid. v. 30. 16. ἐνδέχεται δ' .. ἐνδέχεται γὰρ καὶ] imo vice versa ἐνδέχεται γὰρ .. ἐνδ. δὲ καὶ. 25. καὶ ἀμιγή.] nonne καὶ del.? ex metalepsi. 31. διαπωνται] poeticum verbum et media forma insuetum. Aliud latet, διαπονται P, sed idem verbum b. 7 διαπορτο ihr Geschäft abmachen. 36. ὡς] ὡς οἱ non male P. de sententia vid. ad Rhet. II, 23. nr. 15.

p. 1243 b, 4. ὡς ἂν ἰλυσιτέλει] ἂν non intelligo, ἰλυσιτέλ P. num λυσιτελῇ? sed equidem malim ὅσον ἰλυσιτέλει. 5 seqq. haec corrupta; nonne coniungenda λόγοις ὁμοίως καί. neque stare potest ὡς ἠθικῶς pro adiectivo neque τινα intelligo. an illa verba conhaerent cum δεῖ κρίνειν. talpa sum. Aldus ὑποκρινόμεν μηθέτερ. cf. Nic. IX, 3. fort. διείποντο ὡς (ἐχρῆν), ἠθικῶς δεῖ. 15. ἰδεῖν] non intelligo. 16. χαλεπὸν] abundat, neque ἀλλὰ add. 18. ὡς τὸν ἰδὺν] del. τὸν. 23. Πρόδικος] ἡρώδικος conieci in Artium script. p. 94 nec alii improbarunt. 25. distingue ἀποδιδόναι, αὐτὸν αὐτὸν scil. pecuniam. 29. τῷ] imo τῷ etiam v. 31 Ald. τὸ ἀνάλογον. 35. ἥμισυ] egregie sic M. ut videtur, cum ἡμῖν ex P datur, at ita vulg. ergo fort. P etiam h. l. egregium illud habet.

VII, 11, p. 1244, 9. διὸ] scrib. ἀ δ'. 12. ἔργον] ἔργων P et vulg. cf. Matth. inc. 92. p. 383. Musgr. ἐκείνος ἐργ' ἃ καὶ παρέσχετο. quid ai potius ἔργον ὦ? Nicom. IX, 2. unde v. 14 sumptus ibi et vocab. ἐργωδέστερον. 16. corrupta haec usque ad finem, ut raro certa inveniam, etiamsi verba sint aperta. quid οὐχὶ, cur σιζῆν, modo εὖ ζῆν? utroque loco illud sane restituendum, quid v. 17 οὐδ' ᾧ τοίνυν? v. 23 monstrum ὁποῖος δεῖ, et sic plurima. v. 21 hoc dicit: τῷ χρησίμῳ qui beneficia in te contulit, similia redde, τῷ ἰδεῖ vero ea quae ἡδονὴν ostendant et praebeant, neque contraria referas. τῷ μὲν γὰρ χρησίμῳ . . καὶ ὁποία δεῖ· τοῦτο γάρ . . ἄλλῳ τὸ σιζῆν τῷ καθ' ἡδονήν τὸ συναίρειν . .

VII, 12, p. 1244 b, 3. ex Nic. IX, 9. πότερον εἴη Aldus cum verbi lacuna ἢ,   ἔσται. apud eundem propter similiter cadens verba φίλος εἰ κατ' ἔνθειαν ζητεῖται exciderunt. meliora docent codices, sed pauca abesse videntur v. c. τούτῳ [ἀναγκαῖος] φίλος, ἐπεὶ εἰ κατ' . . φίλως καί ἔστιν ὁ ἀγαθὸς αὑτ. ἦ ὁ . . in quibus ἐπεί quoque abesse potest; saepius enim male in nostro sententiae nude adhaerent nulla coniunctione addita, ut his v. c. pro εἰ γὰρ κατ' . . in Magn. Mor. non memoratur ὁ εὐδαίμων, sed solus αὐτάρκης. noster Nicom. sequitur. 6. εὖ φρονούντων] εὐφραινόντων Sylb. facilius εὐφρανούντων. 7. οὕτος] scrib. αὐτὸς et cum P pone αὐτῷ ἱκανός. 9. οὐδ' ἔσται αὐτῷ οὔτε μηθὲν διοπότον] corruptissima, om. Aretinus, quorum sensum cum iam praecedat οὐδενὸς προςδεώμενος non perspicio; itaque rem tene, verba sequentur. 13. δεῖ] corrige ἀεί. 14. ἀλλὰ καὶ εἰς] inserendum fort. τῶν.

4 *

16. ἀλλ' ἤ] puto ἀλλά. 20. τε μάλιστα] ita codd. Aldus. transposuit τε Isingr. aliud latet, v. c. ὅτι, vel ὅτι τότε, εἴ γε, et supra fort. melius ἀμείνω τε. 23. διὰ τὴν ταραβολήν] scil. τοῦ θεοῦ v. 8. 26. τὸ αὑτὸ αἰσθάνεσθαι] scrib. αὐτοῦ item τὸ αὐτὸν γνωρίζειν Nic. IX, 9. 28. διατιθέναι] scrib. δεῖ τιθέναι. 32. fort. τῷ δ' ὅμοιον τὸ ζῆν vel τὸ δ' ὅμοιον τῷ. 33. nonne concludit, ut sit scrib. εὐλόγως δὴ τὸ, item aegre desidero καὶ αὐτὸν γνωρίζειν. 34. συντεθεῖναι] imo συντεῖναι, tum καὶ ante αἱρετόν delendum. 36. αὐτὸ τοῖς] num αὐτοῖς? sed omnia obscura, quae hic et paginae sequentis initio leguntur.

p. 1245, 5. scrib. καθ' αὑτοῖς. 6. ἢ h. l. dixit ut Nic. supra semper καί. 18. διδάσκοντος δ' οὐ φίλος· ἡ δ' ὁμοιότης φιλία] puto ἡ γάρ. 29. ἔνθεν] nonne ἐντεῦθεν? 30. οὗτος] in Magn. Mor. II, 15 ἄλλως φίλος ἐγώ. 34. scrib. οὐθέν τι. 36. καὶ τὸ αὑτόν πως γνωρίζειν] integrum redde locum καὶ (τὸ τὸν φίλον γνωρίζειν) τὸ αὑτόν πως γνωρίζειν. 37. μέν] exspectamus οἷον τὸ et pro ἡδὺ scrib. ἰδία. 38. ἐκείνου] sensus flagitat ἐκείνῳ αὐτοῦ. p. 1245 b, 4. κοινωνίαν] scrib. κοινωνεῖν. 15. οἷον] scrib. οἷος. tum fort. ἀξιοῖ, nempe ὁ λόγος. 22. πλείστοις] scrib. πλείστοις. 25. δεῖ] ita iam Sylburg. p. 1246, 4. αἱρετόν πως] scrib. αἱρετώτερον. 5. ἐπειδή .. ποιῶν] scrib. ἐπεὶ δὲ .. ποιῶν .. ἅμα, ἤδη. 6. Fort. καὶ οἱ μὲν καὶ .. φιλικὸν [καὶ] ὥσπερ. 7. ἄν] scrib. ἅμα. 12. εἶναι] ἀπεῖναι Casaub.; ego conieci οὐ παρεῖναι, recte idem αὐτούς. 18. εἰ αὑτῶς] an εἶναι αὑτὸν? tum sic distingue ὥστε ὁπότερον ἂν τούτων ᾖ μᾶλλον ἡδύ, ποιεῖ τὴν vel ποιεῖν, deinde καὶ τοῦτ' ἐπί et sane Aretinus idque in deterioribus. 22. an ἀνάγκας .. κακῶν?

VII, 13. p. 1246, 26. De his postremis capitibus 13—15 in commentatione acad. p. 98—115 exposuimus; ibi quae sunt omissa aut fortasse minus recte dicta, hic addam. 27. ἡ αὐτὸ ἡδύ] fort. ἡ αὐτὸ (καθ' αὑτὸ) ᾖ. 28. οἷον ἡ ὀφθαλμός] fort. οἷον εἰ ὁ ὀφθαλμός. conf. hist. anim. X. 1, init. 32. Fort. ὁμοίως δὲ καὶ ἐπιστήμῃ· καὶ γὰρ ἀληθῶς (ἐστιν αὐτῇ χρῆσθαι) καὶ ἁμαρτεῖν. p. 1246 b, 4. ἀλλ' ἐπεὶ φρόνησις] sic distingue: ἀλλ' εἰ φρόνησις ἐπιστίμη, (vel articulo addito ἡ ἐπιστήμη, non quod ego conieci εἰ ἡ φρόνησις ἐπιστίμῃ) καὶ ἀληθές τι, τὸ αὐτὸ ποιήσει κἀκείνῃ .. 8. ἐπὶ μὲν οὖν ταῖς ἄλλαις ἐπιστήμαις] offendit dativus. 10. ἢ νοῦς] om. P, legentis est coniectura e margine textui

inserta. 11. χρῆται γὰρ αὑτῇ· ἡ γὰρ τοῦ ἄρχοντος ἀρετή, τῇ τοῦ ἀρχομένου χρῆται] exemplum ostendere videtur scriptum fuisse χρῆται γὰρ (αὐτῇ) αὑτῇ. 15. quid in lacuna lateat, nescio; sensus nil praeter hoc requirere videtur: ἀλλ' εἰ δή . . λογεῖται τἀναντία (τῷ λογιστικῷ). δῆλον ὅτι καὶ ἄν . . ἐν τῷ ἀλόγῳ ἄγνοια ᾖ . . 17. δικαιοσύνη καὶ δικαίως] couiiciae δικαίῳ. at καὶ Bekkerus scripsit pro τὸ. neque quod sequitur κακῶς sic nude stare potest; fort. scrib. ὥστε ἔσται τὸ δικαιοσύνῃ ἀδίκως χρῆσθαι καὶ (ἀρετῇ) κακῶς καὶ φρονήσει ἀφρόνως. 19. εἰ τῆς μὲν . . ἀρετῆς] accusativum reposui, sed potius ἐνούσης· excidisse puto, quod item v. 21 recurrit. 25. ἡ ἀπὸ ἀγνοίας φρονίμως] num verbum ex praecedentibus rite intelligi potest? requirimus enim τὸ ἀπὸ ἀγνοίας φρονίμως (πράττειν), nec minus offendit v. 26 ἀπὸ ἀγνοίας χρῆσθαι φρονίμως· absolute dictum pro πράττειν. num fuit χρῆσθαι (φρονήσει) φρονίμως? 27. ὥσπερ τὴν . . γραμματικὴν στρέφει ἀκολασία] imo non vertit, οὐ στρέφει. non sufficit, si scripseris ὡς περὶ τὴν. 28. ἀλλ' οὖν ὁ] corrupta sunt; infinitivus dependet ex vocabulo quod in his latet, v. c. ἄλογον οὖν vel quidquid inest, sed ne sic quidem, quomodo sententia procedat, ut inde ea quae sub finem sequuntur, evadant perspicio.
VII, 14. p. 1247, 15. ἐστὶ δὲ φανερὸν ὄντες ἄφρονες] recte ἔτι ex P et vet. transl. praetuli, sed male φανεροὶ scripsi; sanum est vocabulum. v. 4 ἄφρονες γὰρ ὄντες κατορθοῦσι πολλά, et v. 12 ὅτι μὲν γὰρ οὐ φρονήσει κατορθοῦσι δῆλον. iam pergit autor ἔτι δὲ φανερὸν, (ὅτι) ὄντες ἄφρονες, οὐχ ὅτι περὶ ἄλλα . . ἀλλ' ὅτι καὶ ἐν οἷς εὐτυχοῦσιν ἄφρονες. intelligendum est verbum κατορθοῦσιν. — supra v. 5 interpres: multo magis et fortuna inerit, i. e. πολὺ μᾶλλον καὶ τύχῃ. 33. εἰ μὲν οὖν τύχης εἶναι δοκεῖ] apodosin in ἔτι εἰ quae sanissima sunt, frustra quaesivi; vitium potius hic latet et scribendum εὖ pro εἰ. In iis quae sequuntur infinitivus me offendit et genitivus τοῦ αὐτοῦ. melius ni fallor transpositis verbis procedit sententia: οὐκ ἄν (εἴη) τοιοῦτον οἷον . . πολὺ εἶναι τὸ αἴτιον. p. 1247 b, 4. εἰ δ' ὅλως ἐξαιρετέον καὶ οὐδὲν ἀπὸ τύχης φατέον γίνεσθαι] notandum οὐδὲν, non μηδὲν dictum esse; at recte factum, nam καὶ deleto apodosis est. 10. διὰ τί οὐ καὶ πάλιν ἄν, διὰ τὸ ἀποκατορθῶσαι καὶ πάλιν; τὸ γὰρ αὐτὸ τοῦτ' αἴτιον.] conieci πάλιν αὖ et delenda esse διὰ τό, sed alia interpres: propter quid non et iterum. Sed propter idem dirigere unum et iterum; eiusdem enim

eadem causa. egregie postrema τοῦ γὰρ αὐτοῦ ταὐτὸν αἴτιον; priora non perspicio. num illud ἅπαξ λεγόμενον item atque κατορθῶσαι nec contrarium potius ut ἀπστγχάνειν significat? 32. εἰ ἐβούλοντο ἂν ἢ ἔλαττον ἔλαβον τἀγαθόν] scrib. εἰ ἐβουλεύσαντο καὶ ἔλαττον ἔλαβον ἀγαθόν. paulo antea v. 31 ἐν ἐκείνοις egregie explet v. tr. in illis in quibus.

p. 1248, 6. ἴδει τὸ λογισμῶς] locus non integer sic supplendus et expediendus. aderat exemplum superioris ὁρμῆς, inferioris λογισμοῦ, sequitur iam contrarium παρὰ τὴν ὁρμὴν b, 5. inest enim minimum ὁρμῆς, multum λογισμοῦ, non τοῦ ἀνθρωπίνου, sed ἠλιθίου, nam sic est οὐ πάμπαν ἀλόγιστον et φυσικὴ, vincitur ἐπιθυμία. quae res si feliciter evadit, est εὐτυχία. 22. τί οὖν ἄλλο πλὴν τύχη; ὥστ' ἀπὸ τύχης ἅπαντα ἔσται, εἰ ἔστι τις ἀρχὴ, ἧς οὐκ ἔστιν ἄλλη ἔξω. αὕτη δὲ διὰ τί τοιαύτη τὸ εἶναι τὸ τοῦτο δύνασθαι ποιεῖν] haec sensum non praebent; hoc dicit autor: summum unde omnia oriuntur est τύχη, nisi aliud principium summum est, primum movens, cuius officium hoc ipsum est, ut omnia moveat. sententia igitur requirit negationem εἰ μή ἐστί τις ἀρχὴ, nisi interrogationem inferes facilius sic ἢ ἔστι τις ἀρχὴ ..: idque interpres invenit in libro suo: igitur a fortuna omnia sunt (ἔστιν) *aut* est aliquid principium, cuius non est aliud extra, *quod tamen* tale secundum esse tale *potest* facere, in vertit quod aptum praebet sensum: αὕτη δὲ τοιαύτη τῷ εἶναι τοιοῦτο δύναται ποιεῖν.

II.

ΜΕΓΑΛΩΝ ΗΘΙΚΩΝ.

I, 1. p. 1181. Conferenda est vetusta translatio, quae meliorem fontem codicis K sequitur; inferioris generis est M multum ab illo distans, quem saepius Bekkerus secutus est. [cod. lat. Monac. CCCVI vetustam translationem Nicom. Polit. Rhet. Magn. Mor. continens exiguis litteris correptisque syllabis exaratus est, ut lippo vix unum alterumve locum evolvere contingeret.] Codices μεγάλων νικομαχείων. vide quae in dissertatione exposui. Recte iam Jos. Scaliger: οὐκ ἔστιν Ἀριστοτέλους ἀλλ' ἐκ τῶν ἀριστοτελίοις. Scaliger multa ut par erat correxit quae eadem eadem ratione emendaveram, at multo plura sunt falsa et inutilia, quaedam solus invenit quae equidem non detexi. v. 26. οὐκ ἄλλης ἢ τῆς πολιτικῆς] mira attractio pro ἄλλου, et in hoc parum accurato scriptore fortasse ferenda. M ἄλλως ἢ τῶν πολιτικῶν, unde ἄλλων reponendum, sequitur enim statim ἐν τοῖς πολιτικοῖς, sed incertae fidei iste liber est. δοκεῖ] Bekk. ex M, ceteri δόξειεν idque addito ἄν placet.

p. 1181 b, 25. σπουδαίως] scrib. σπουδαῖον idque marg. Isingr.

28. δοκεῖ ἄν μοι] mire ἄν hic positum, sed noster abutitur hac particula; vel potius in vulgata apparet hoc lectione ut paulo post p. 1282, πῶς δὲ ἄν v. 7. πῶς ἄν, ubi tacito Bekk. ἔσται. item p. 1190, 26 vulg. ἄν, melius Bekk. ἔσται. p. 1182, 7. μὲν οὖν] non convenit cum iis quae praecedunt et om. M μὲν, K οὖν, scribendum μέντοι. εἰδῆσαι] v. 5 et 8 posterioris aetatis forma. quaere quae in Arist. leguntur exempla. 11. Πυθαγόρας] nunquam hunc laudat Aristoteles, semper

leguntur *Πυθαγόρειοι* cf. Brandis Gesch. der Philos. I, 435. res sumta ex Nic. I, 4. V. 5. Eudem. 15. Σωκράτης] ex Eud. I, 5. cf. Nic. VI fine. 17. *τοῦτο δ' ἐστὶν εἶναι ἀδύνατον*] εἶναι delet Scalig. et ipse antequam videram eius exemplum, idem feci; certe graeci ita non dicunt, collocandumque erat *τοῦτο δὲ εἶναι ἐστιν ἀδύνατον* [hoc autem esse est impossibile v. tr.] 25. *ἑκάστου ἀρετὰς*] articulus abesse nequit, sed malim *ἑκάστῳ τὰς* dativum etiam Sylb. coniecit. *τί δεῖ αὐτοῖς λέγειν*] non ut *Ἀριστοτέλης*, sed ut *ἀριστελίζων* hoc dicit. p. 1182 b, v. 2. *ἀγαθοῖ. ὑπὲρ ἀγαθοῦ*] parum accurate locutus est; debebat *βελτίονος* dicere, neque tamen hoc neque *τἀγαθοῦ* scripsit. 4. *τοῦ θεῶν ἀγαθοῦ*] scrib. *θεῷ.* res ex Eudem. I, 7. illud oppositio *τοῦ ἡμῖν ἀγαθοῦ* docet. 5. *ὑπὲρ τοῦ πολιτικοῦ ἄρα ἀγαθοῦ ἡμῖν λεκτέον*] *πολιτικοῦ* om. A, neque hic apte pro *τοῦ ἡμῖν* dictum est; tum *ἡμῖν ἀγαθοῦ* M quod sensus flagitat, nisi scripseris *ἀγαθοῦ τοῦ ἡμῖν.* vet. tr. de bono ergo quod nobis est dicendum. 17. *διὰ τί; ὅτι*] ad nauseam usque utitur hac phrasi oratoris instar. v. 32. p. 1183, 9. b. 11. 1187 b, 23, 39 *διὰ τί καὶ πόθεν; ὅτι.* 1203, 20 *διὰ τί; δι' οὐδὲν ἢ ὅτι ἀρχή* 1206. 18. 20. *ὅ τι ἂν ἄλλο ᾖ*] ante Bekkerum edd. *ἦν* quod Scaliger delevit. p. 1183, 8. haec ex Nic. I, 4. 11. *καὶ τινί*] delendum puto; explicat *τὸ πότε.* adiungit *τὸ πρός τι* statim addens v. 20 *καὶ τὸ κατὰ τὰς ἄλλας κατηγορίας.* hoc est, hae duae postremae erant categoriae neque aliud sequebatur. 22. *αὖ τῆς*] M idque iam Sylb. coniecit pro *αὐτῆς.* 30. *δεῖν* prius cum Scalig. delevi. 32. *ὁ δή*] scrib. *δέ.*

34. *οὐχ*] Ald. et edd. *οὐ γὰρ.* quae cum ipso verbo *σκοπεῖ* Scal. delevit, sane alterutrum *οὐχ'* abundat, sed prius potius deleverim; at in ipso Aristotele repetitam legi negationem, Rhet. I, 3 exemplis firmavi.

38. conf. Nic. I, 4 pag. 1096 b, 35 seqq. p. 1183 b, 7. *διὸ οὐκ ἀλκείαν ἀρχὴν εἶναι ταύτου τἀγαθοῦ*] in M propter similiter cadens haec exciderunt: desideratur aliquid v. c. *εἶναι (λέγομεν τὴν) τούτου.* At quid denuo Socrates repetitus, supra iam p. 1182, 15 satis vituperatus, post Socratem Platonem agressus est eiusque de ideis disciplinam inutilem esse docet. quid igitur Socrates? nulla ratione hoc disceptare possum. nam autorem haec ipsum dedisse, docet iam v. 11 formula *διὰ τί; ὅτι.* et argumentum sane novum est ex Eud. I, 5 s. fin. melius sane id supra additum esset, sed coniunctum ita numquam fuit.

I, 2, 19. vid. Nic. I, 12. additum quartum est ώφέλιμα Stobaeo p. 286 quod hic est σωστικόν. 23. τὸ ἀρχαιότερον ἡ ἀρχή] at ἀρχὴ dicitur v. 23 δύναμις, Stobaeus τίμια μὲν οἷον θεὸν ἄρχοντα πατέρα. An igitur fuit τὸ ἄρχον vel ὁ ἄρχων? an sufficit prius τὸ ἀρχαιότερον. 29. ἂν δύνηται] scrib. δύναιτο id melius quam δύναται deleto ἄν. 30. δυνάμει] imo δυνάμεις. 37. γυμνάσια ὑγιείας] cf. Sylb. Stob. p. 288 ὠφέλιμα δὲ τὰ ποιητικὰ τούτων καὶ φυλακτικὰ οἷον ὑγίαν καὶ εὐεξίαν ubi genitivum exspectamus, sed etiam acc. haud improbandus, es quae efficiunt servant ὑγείαν καὶ εὐεξίαν. Ergo stare non potest quod in M καὶ ὑγίεια. 37. sequitur eadem divisio in Stobaeo, sed corrupta p. 288 ἔτι δὲ τῶν [αἱρετῶν καὶ] ἀγαθῶν τὰ μὲν καθ' ἑαυτὰ εἶναι αἱρετά, τὰ δὲ δι' ἑτέρων. ubi illa delenda et ἕτερον reponendum. sed in exemplis ipsis variant; quae enim nostro sunt non πάντη καὶ πάντως αἱρετά, ille καθ' αὑτὰ αἱρετά dicit. p. 1184, 3. ἔτι καὶ ἄλλως] haec quoque definitio sequitur ap. Stob. 6. ἁπλῶς ἀεὶ καθόλου] inepte auget. 10. τῆς δικαιοσύνης] cf. Nic. VIII, 1. p. 1156, 26. 16. συναριθμουμένου] difficile explanatu ubicunque hoc dicitur. 21. ἔσται] ἔστιν scribendum. οἷον] exemplum dat ὑγιεινὰ καὶ ὑγίειαν, cum posterius iam sit βέλτιστον, unde fort. οἷον εἴ τις τὰ .. σκοποῖ, τί. 24. καὶ αὐτὸ αὐτοῦ βέλτιστον] scrib. βέλτιον ut v. 21. 24. οὐ δὴ ἴσως] fort. οὐδ' ἴσως. 27. locus corruptus; delet Scaliger εἰ τοῦτ' ἔστι βέλτιον at ne tum quidem sensus evadit; quaerit an mente tantum conceptum sit neque re vera existat: ob ex abstract für sich bestehe. Neque Bekkeri suspicio τούτων pro τοῦτ' sufficit; pro ἐξ ὧν ἀγαθῶν legendum videtur; ὃ ἐξ ἀγαθῶν .. εἰ τούτων ἐστὶ βέλτιον. deinde M v. 28 χωριστὸν ὑφ' ὧν ἤ. at tum stare nequit v. 25 χωρὶς αὑτοῦ, putes εἰ χωριστὸν αὐτό, sed dubia illius codicis fides. 35. ἀλλ' ἴσως οὐχ] offendit ἀλλ' malim ἴσως οὐδ'. 38. τὸ οὕτως ἄριστον] id est quod hac tertia ratione exquiritur. I, 3, p. 1184 b. 1. ἄλλην διαίρεσιν] alia inserta quae nostro est neglecta, eadem Stob. p. 290. 3. ἐκτὸς πλοῦτος] nonne οἷον inserendum? sed om. etiam Stobaeus. 5. τὰ δ' ἐν ψυχῇ διώρισται ἀγαθὰ εἰς τρία, εἰς φρόνησιν, εἰς ἀρετὴν καὶ ἡδονήν] nescio qui ita diviserit, sed haec tria inter alia ap. Stob. nominantur. 11. ὄψεως] ἔστιν ἡ ὄρασις addit M ex interpretatione. 19. ἀλλὰ τήν] nonne ἀλλὰ τὴν αὐτὴν τήν? 21. ποιητική] εὖ ποιητέον M scrib. εὖ ποιητική.

I, 4, 25. τούτο ποιεῖ οὐ ἐστιν ἀρετή] add. εὐ. sive εὐ ποιεῖ οὐ vel facilius ποιεῖ εὐ οὐ. ἡ δὲ ψυχὴ καὶ τἆλλα μὲν ψυχῇ δὲ ζῶμεν] haec corrupta, neque varietas est nisi quod M alterum δὲ om. An fuit ἀλλὰ μὴν ψυχῇ ζῶμεν ceteris deletis, melius non exquiro. 34. locus litura sanandus ἔστι δὲ [ἡ] ἐνέργεια καὶ [ἡ] χρῆσις αὐτῆς [τῶν ἀρετῶν]. 37. lege ex M et distingue: καὶ αὕτη, τέλος καὶ τέλειον τέλος. ἐνεργείᾳ ζῶντος. p. 1185, 8, ἐν χρόνῳ τελείῳ καὶ ἐν ἀνθρώπῳ] dele alterum ἐν. 27. εἰ δ᾽ ἄρ ἔστιν, οὐκ ἔστι ταύτης ἐνέργεια] at modo dixerat v. 24 εἰ γὰρ ἔστι, δῆλον ὅτι καὶ ταύτῃ δεήσει ἐνεργεῖν, nescio quomodo haec cohaereant. p. 1185 b, 9. κατὰ δὲ τὰς τοῦ τὸν λόγον ἔχοντος οὐδεὶς ἐπαινεῖται· οὔτε γὰρ ὅτι σοφὸς οὐδεὶς ἐπαινεῖται κτλ.] at contrarium his in Eudem. p. 1220, 5. Nicom. I fine legitur. ceterum articulus τὸν delendus, quamvis A' etiam v. 13 eundem praebeat, supra vero v. 4 εἰς τε τὸ λόγον ἔχον cum M scribendum est. 15. ἠθικῶν] scribendum esse αἰσθήσεων ex Stobaeo p. 294 in commentatione confirmavimus p. 78. Nicom. II, 1 ὕπερ ἐπὶ τῶν αἰσθήσεων δῆλον. 26. οὔτε ὁ ψοβούμενος πάντα οὔτε ὁ μηθέν] scrib. ὁ οὔτε ψ. π. οὔτε μηθέν, nam sententia affirmativa danda est. 27. οἱ λίαν ψόβοι καὶ πάντες] num παντός?

I, 8, p. 1186, 36. de re vide Nicom. II, 6, Eud. II, 3, 1221 b, 18. locum sic fere distingue et redde: οἷον μοιχεία, καὶ ὁ μοιχὸς οὐκ ἔστιν ... κατ᾽ ἀκολασίαν, (καὶ αὐτὸ) καὶ ὃ ἐν ἐλλείψει καὶ ὃ ἐν ὑπερβολῇ τὸ ψεκτὸν ἔχει [Rassow Emend. Aristot. 1861 sic explet . . κατ᾽ ἀκολασίαν ᾗ καὶ ὃ ἐν ἐλλείψει καὶ ὃ ἐν ὑπερβολῇ (οὔτε ἐν ἐλλείψει οὔτε ἐν ὑπερβολῇ) τὸ ψεκτὸν ἔχει.]

I, 9, 1186 b, 14. vitiosum ἀνελευθερίους et ἀνελευθέρια ante Bekkerum Scaliger correxit. idem in eodem capite 1187, 16 διὰ τί γὰρ ὁ νομοθέτης οὐκ ἐᾷ τὰ φαῦλα πράττειν, τὰ δὲ καλὰ καὶ σπουδαῖα κελεύει; καὶ ἐπὶ μὲν τοῖς φαύλοις ζημίαν τάττει, ἂν πράττῃ, ἐπὶ δὲ τοῖς καλοῖς, ἂν μὴ πράττῃ; negationem οὐκ (debebat οὐ) post καλοῖς inseruit, sed sententia proba est.

I, 11, p. 1187 b, 8. ἀνθρώπων] ἀνθρώπου Scalig. cf. p. 1191 b, 18.

I, 12, v. 38. ἑκούσιός ἐστιν ἡ ἀκούσιος] non malo M ἑκούσιον .. ἀκούσιον quamvis id factum credas quum sequentia τὸ μὲν οὖν ἀκούσιον in h. libro desint, ergo homoioteleuto illud evenerit. at etiam infra p. 1188, 27 βούλησις . . εἰ ἔστιν ἑκούσιον, item v. 32. 35.

I, 17, p. 1189 b, 25. πρακτικοῖς] scrib. πρακτοῖς item v. 26.
I, 18, p. 1190, 4. ἀλλ' ἤδη τὰ πρὸς τὸ τέλος] Scalig. ἀλλὰ δή, item
p. 1189 b, 14 ἀλλ' ἐν οἷς δὴ pro ἤδη. nescio qua ratione quum aptissimum ἤδη sit ἀλλ' ἤδη 1191 b, 12, 1192, 20. Coniicias potius ἤδη περὶ
τά, sed ex superiore οὐ περὶ τὰ τέλη praepositio hic repetenda est.
17. σκοπὸν πρὸς τὸ τέλος . . ἢ τὸ πρὸς τὸ τέλος] vulg. σκοπὸν εἰς
τὸ, imo neutra particula locum habet, et nude scrib. σκοπὸν τὸ τέλος
ut ex Nic. aperte constat, et sic construe αὐτῆς τὸν σκοπὸν εἶναι, μᾶλλον
τὸ τέλος ὀρθῶς προθέσθαι ἢ τὸ πρός. 20. haec corrupta et lacuna subesse videtur. primum offendit positio verborum ποιητικὸν καὶ προθετικὸν,
nam praecedit propositio, sequitur expositio, ergo mutare debent locum
haec verba, et ita M in quo ἕκαστον γὰρ καὶ προθετικὸν καὶ ποιητικόν.
at de qua re haec dicuntur? non de virtute, ut sit scribendum ἑκάστου
vel ἑκάστων .. προθετικὴ καὶ ποιητική? nam de hac dicitur conclusio οὐθὲν οὖν βέλτιον τῆς ἀρετῆς ἐστιν. non video vero quomodo hoc
lateat in verbis ἐν οἷς ἡ ἀρχὴ τοῦ βελτίστου ἐστιν. uon placet ἐν ᾗ ἡ . .
ἑκάστου γάρ. etiam seqq. 23 non conveniunt, certe non intelligo; Scaliger locum transpositione et litura sic tentavit: καὶ εἰς ταύτην ἐστιν
ἡ ἀρχή, τὸ δὲ τέλος ἀρχῇ ἔοικε καὶ τούτου ἕνεκεν μᾶλλον τὰ εἰς τοῦτ'
ἐστίν, ὥστε δῆλον. 26. ἔσται] vulg. ἄν. imo ἔστιν. δῆλον ὡς . . ὅτι]
delet Scal. ὡς, male, frequens enim est haec repetitio.

I, 19, 33. παντελῶς] πᾶν τέλος M. περὶ πᾶν τέλος Scaliger deleto
verbo προθέσθαι, quo non opus est. 34. ἄν τις εἴποι] εἴποι τις ἄν
Scal. sed intactum reliquit supra p. 1185, 23, vid. Schaef. ad Demosth.
τὴν ἐνέργειαν κρείττονα εἶναι ἢ τὴν ἀρετὴν αὐτήν] at nusquam hoc
dixit, neque dicere potuit, cum ἀρετὴ ipsa sit ἐνέργεια. requirit sententia
ἢ τὴν ἕξιν quod in M exstat. at αὐτήν vel ut M τὴν αὐτὴν minus
quadrat, quadrat vero optime voci ἀρετή. iam Eudem. II fine pag. 1228, 13
καίτοι αἱρετώτερον ἡ ἐνέργεια τῆς ἀρετῆς. vides igitur istum librum M
emendatricem manum esse perpessum, insunt tamen et quae rite sunt
emendata.

I, 20, p. 1190 b, 9. eundum virtutum XII ordinem sequitur autor
ap. Stob. Eclog. Eth. p. 318. 13. μόνον] scrib. νόσον ex Nic. II, 9.
24. οἴδασι] posteriorem prodit aetatem. 31. οὐ φαμὲν οὐδ' ἐροῦσιν]
ineptum, sed vix autoris culpa. p. 1191, 14. ἔτι καὶ ἄλλως εἰσὶν]

quidni et hic ἄλλω, ut supra v. 35. 17. τὸν ὑπακούσιν ἀνδρεῖον] puto ὁποῖος οὖν ἀνδρεῖος, sed fort. sufficit τὸν ποῖον οὖν ἀνδρεῖον. 27. deest ἄν.

I; 22. p. 1191 b, 14. καὶ αὐτόν γε τὸν ἤδη αὐτοῦ τοῦ . . πράττοντα σώφρονα] deest structura, editiones ante Bekkerum non ἤδη, sed ἢ δι', unde Scaliger αὐτό γε τοι νὴ δί'.. πράττων σώφρων, recte, nisi quod fort. melius καὶ ὁ αὐτὸ ἤδη αὐτοῦ. equidem χρὴ καλὸν vel simile excidisse censui. Supra v. 8 Scaliger καὶ δὴ delet, conf. ad 1190, 4.

I, 25. p. 1192, 19. οὐδὲ δὴ . . χρηματιστικὴ] scrib. οὔτε δὴ . . χρηματιστικῆς, nam praecedit v. 17 οὔτε γάρ.

I, 26, 24. καὶ μᾶλλον δὲ δὴ] M addit ὀρθῶς quod non intelligo ex sequenti versu illatum; fort. καὶ μάλιστα δή. 31. M προςηκόντων αὐτοῖς μειζόνων explicatio est verborum ἢ προςῆκόν αὐτοῖς. 33. ἢ ἄξιός ἐστι] acute, sed non necessario ᾗς Scal.

I, 27, 37. σαλακωτίας] res verum hoc esse docet et ita legit. schol. Plat. p. 409 Bkk. p. 1192 b, 1. ἃς τῷ πρέποντι γίγνεσθαι προσήκει] non esse potest ὁ πρέπων, sed τὸ πρέπον, cf. Eudem. III, 6. at ea quae sequuntur fuisse docent ἃς ἐν τῷ καιρῷ τῷ πρέποντι ut statim οὗ μὴ δεῖ in eo tempore quo non decet. v. 4 ἐν ᾧ μὴ δεῖ καιρῷ et v. 9 integrum ἐν τῷ καιρῷ τῷ πρέποντι. 2. ὡς ἂν γάμοις τις ἑστιῶν] mirum repetitum τις, quod negligentia factum, et quid γάμους? Nic. IV, 6. p. 1123, 22 οἷον ἐρανιστὰς γαμικῶς ἐστιῶν. sanum videtur nec γαμίτας corrigendum. 5. ὡς οὐ δεῖ μὴ μεγαλείως δαπανήσει] sequentia suadent transpositionem οὗ δεῖ μεγαλείως, μὴ δαπ. tum vero recte Casaub. ᾗ τοῦτο μὲν ποιῶν . . μὴ ἀξίως δέ. 9. οὕτοι τοιαύτη οἷον λέγομεν] leg. οἷαν idque iam Scalig. in Tauchn. est οἷαν, unde? 14. ὡς οἴονται] Eudem. εἰ μή που κατὰ μεταφορὰν λέγεται. 15. μεγαλοπρεπῶς τ' ἐβάδισε] τ' abundat.

I, 28, 18. notandum φθονερία, idem ap. Stob. p. 318.

I, 29, 34. ὁ δὲ ἄρεσκος] malim τε, quod praecedit ὅ τε γὰρ αὐθάδης cf. p. 1193, 13.

I, 30. p. 1193, 5. ὁ πάντα καὶ πρὸς πάντας εὐλαβούμενος] πρὸς Bkk. ex M edidit, καὶ πάντως Scaliger, ex proverbio dictum puto πάντα καὶ πάντας.

I, 31, 16. μήτ' αὐτὸς ἄγρωκος ὢν] αὐτὸς γὰρ ἄγρ. M quod non intelligo, neque αὐτὸς stare potest, puto μήτ' α ὖ ἄγροικος.
I, 33, 28. ἔστι δὴ περὶ λόγοις] recte et ex more editiones ante Bekkerum δέ. etiam I, 34, 1193 b, 2 legitur ἔστι δή, ubi scribendum δέ, I, 23 ἔστιν οὖν, ceteris in locis semper ἔστι δέ.
I, 34. p. 1193 b, 1. εἰ λάβοιμεν] ita et Ald. nisi quod λάβομεν. nescio unde Tauchn. ἂν λάβοιμεν. Sed melius οὖν λάβωμεν. tum scrib. ἔστι δέ vid. ad p. 1193, 28. [primo quidem igitur, si accipiamus quid est iustum, est autem duplex vet. tr.] 9. ὁ δίκαιος] scrib. τὸ δίκαιον nam hoc explicat v. 24, 35, sed p. 1194 b, 29 ἡ δικαιοσύνη καὶ ὁ δίκαιος. 13. ὄντα] delet Scaliger, non male, sed tamen servari potest. 23. οἴωνται] nonne οἷόν τι? 25. μισότης τις] dele τις, eadem definitionis verba ap. Stob. p. 318. 33. ἡ δικαιοσύνη ἐν δικαίῳ] hoc falsum; non enim ex iis quae dicta sunt sequitur; imo scribendum et hic ἡ δικ. καὶ τὸ δίκαιον ἐν ἴσῳ ut 24. 18. 12. 9. 35 at tum non quae sequuntur conveniunt, neque h. l. neque Nic. V, 6 solvere possum ut omnia satisfaciant. Litura sanes h. l. τὸ μέν [δίκαιον ἐν τισι λέγεται δίκαιον, τὸ δ'] ἴσον τισιν ἴσον, τὸ δὲ μέσον τινῶν μέσον ut prius de persona πρὸς τινας, alterum de re ἐν τισιν intelligatur. 39. τὸν τὰ πολλὰ] et hic et in seqq. τὸν τὰ ὀλίγα dele τά. p. 1194, 4. Facile coniicias οὕτως ὁ πολλὰ πρὸς τὸν ὀλίγα, ὡς δ' ὁ ὀλίγα πεπονηκὼς πρὸς τὸν τά . . πρὸς τὸν ὀλίγα. sed res et personae sunt distinguendae.
16. συνέχει δ' ἡ αὐτὴ ἀναλογία] δὴ αὕτη ἡ ἀναλογία scribendum.
27. εἴη τῇ ἕξει ὁρμήν] scrib. εἴη τις ἕξις ὁρμὴν conf. Nic. p. 1134, 1.
32. ὁ οἰκέτης] del. ὁ sed non sine causa sequitur τὸν ἐλεύθερον.
33. οὐκ ἔστι] imo οὐχ ἅπαξ ἐστι ut schol. Nic. certe sic vulgata stare nequit, ut illa notio semel ἅπαξ intelligatur neque addatur. [hoc dicit schol. Nic. fol. 67 b σαφέστερον εἶπεν ἐν τῷ πρώτῳ τῶν μεγάλων ἠθικῶν . . . εἰ γὰρ δοῦλος ἐλεύθερον ἐπλήξεν. οὐχ ἅπαξ δεῖ τὸν δοῦλον ἀντιπληγῆναι ἀλλὰ καὶ πολλάκις. sic etiam vet. transl. non est iustum contra percuti semel sed multogicus. vertit itaque ἀντιπληγῆναι ἅπαξ ἀλλὰ num ex ingenio an ex libro hoc haustum est?] p. 1194 b, 15. ὑπ' αὐτοῦ] Bekk. ἀπ', desunt haec in Nicom. fort. delenda.

p. 1195, 1. μὴ εἰ . . οὐκ ἔστι] Scaliger μ η δ' εἰ. sine causa, et cum praecedat ὡσαύτως vel parum apte, at quomodo μὴ esse potest pro ούκ? 22. ούθένα] imo ού. ώστε ούν] alibi non inveni. 26. άδικήσει] scrib. άδικήσειεν. p. 1195 b, 34. αδικώη] deest άν, sive post ούδ' sive ante verbum, aut αδικεί scrib. optativus in conclusione est item p. 1196, 24.

I, 35. p. 1196 b, 6. τὸ μὲν οὕτως] μὲν γάρ M. sed corr. μέντοι id quod verum, ex coniectura quidem ut vidimus in Eudemiis, sed hoc loco certa et vera. vers. 9 scrib. τὸ δὲ τοιοῦτον. 15. ἐστὶ δὴ] fort. ἔστω δὴ ut Nic. VI, 1 ὑποκείσθω de eadem divisione. 20. ὡσαύτως] hic dele ut cohaereant ὁσμὴ καὶ τὰς, tum vero v. 22 pro ὁμοίως δὲ lege ὡσαύτως. 35. ὑπὲρ ἀληθοῦς] scrib. τ ά λ η θ ο ύ ς. p. 1197, 16. δ' ἡ] scrib. δή. 19. αὐτὸ τε] scrib. αὐτή vel αὐτή τις. 29. ταῦτα] ταὐτά melius est. p. 1197 b, 11. δ' ἡ] scrib. δή. 13. τῷ δυνατὸς βουλεύεσθαι] deest εἶναι cf. p. 1199 b, 19. 27. ἐν τοῖς τοιούτοις τε καὶ περὶ ταῦτα] aut τούτως aut τοιαῦτα. 33. ἐν τῷ αὐτῷ τυγχάνουσιν] imo add. ψυχῆς μορίῳ. 35. ψυχῆς] imo σοφίας. sed lacunam esse alibi indicavimus. p. 1198, 1. καθ' ἑκάστην] add. vel intellig. ἀρετήν, v. c. in σωφροσύνη est appetitus πρὸς τὰ σώφρονα. ἔστι] scrib. εἰσὶ scil. ἀρεταί. 3. ἐπαινεταὶ ἐπιγινόμεναι] quae natura sunt, non sunt laudabiles, sed si λόγος accedit tales fiunt. malim tamen γινόμεναι cf. v. 19 conieci καὶ ἐπαινεταὶ ut v. 22. 31. 15. οὐδ' οὕτως] malim οὗτοι. 25. recte M. καὶ ἐπαινεταί. idem codex pro διὰ τὸ τῶν καλῶν πρακτικαί, quod additum εἶναι flagitat et Scaliger addidit, acutius διό τι praebet. [virtutes propter hoc quod bonorum operativae et laudabiles sunt vet. tr.] 31. αὐτή] scrib. αὕτη. p. 1198 b, 2. ὑπηρετικός] scrib. ὁ ὑπηρέτης ut supra v. 35. [τοῦ αὐτοῦ τούτου οὐ ποιητικὸς καὶ ὁ ὑπηρετικὸς rectius Bonitz.] 6. αὕτη προστάξει] scrib. ἂν αὕτη προστάξη. 18. σχολήν καὶ τὸ] melius σχολὴν τοῦ ποιεῖν.

II, 1. 30. τῶν] καὶ Casaubonus, fort. delendum, et verba transponenda ἠδούλετο μὲν, οὐκ ἠδυνήθη, δὲ καθ' ἕκαστα διορίσαι, ὁ τοιοῦτος, de re conf. Rhet. I, 1.

II, 2, 37. καὶ γινώσκων om. M non male, certe abesse possunt, additaque esse credas ut melius sententia procederet. [et agnoscens v. tr.] p. 1199, 1. ἔστι μὲν οὖν οὐκ ἄνευ ἐπιεικείας ἢ εὐγνωμοσύνη] at quomodo hoc sequitur ex iis quae praecedunt? contrarium potius exspectamus οὐκ ἄνευ εὐγνωμοσύνης, ἢ ἐπιείκεια. prius enim est κρίνειν,

deinde sequitur τὸ πράττειν. Tamen autorem ita verba posuisse dubitare
licet. nam tum primum εὐγνωμοσύνην et deinde ἐπιείκειαν locasset;
adde v. 5 de εὐβουλία quae dicuntur ἔστι δὲ οὐκ ἄνευ φρονήσεως· ἡ μὲν
γὰρ φρόνησις πρακτική, τούτων ἐστιν, ἡ δ' εὐβουλία ἕξις. nam hic contrarium
dicendum erat. prior est ἕξις, deinde accedit πρακτόν. nescio
igitur quid autor voluerit.
II. 3. 8. πρακτικῶς] scrib. πρακτοῖς. 14. τὸ τῇ ἐντεύξει τὸ ἴσον
ἑκάστῳ ἀποδιδόναι] v. 18 τὸ κατ' ἀξίαν ἑκάστῳ ἀποδιδόναι τὴν ἔντευξιν.
mire variat, utrique loco idem reddendum esse videtur, an vult ἐν τῇ
ἐντεύξει? 32. αἰδάμεν] v. 35. recentiorem Aristotele prodit haec
forma autorem. p. 1199 b, 1. οὖν] sic stare nequit, neque si distinxeris
ante ὅτι, aut delendum aut γὰρ ponendum. 9. αὐτὸς ἑαυτῷ ποιήσει
καὶ τοῖς φίλοις] quaere exempla dativi pro accusativo, num recentiores
ita? an corrigendus est locus. sane accusat. in M. 30. πρὸς τὸ]
ne quid faciat mali, male Scal. πρὸς τῷ. p. 1200, 1. δεῖν] quid hoc?
deleas. ᾧ δ' ἐστὶν αἵρεσις] corr. ἐν ᾧ δ' ἔστι προαίρεσις vel ἐστὶν ἡ
προαίρεσις. naturalis appetitus est in φυσικῇ ἀρετῇ, consilium vero in
λόγῳ. ergo illud ἐν τῷ ἀλόγῳ. sensum pervertit quod Scaliger coniecit,
ἐν τῷ ἀλόγῳ καὶ ἐν τῷ λόγον ἔχοντι. nam si recte emendavi priora,
nullus τῷ ἀλόγῳ est locus, et delenda sunt verba λόγῳ καὶ τῷ nisi ex
abundantia addita esse credas cf. v. 6. de re plura in commentatione
congessimus. 2. ὥστε τὸ] scrib. ὥστ' εἰ τὸ. 6. ἡ] delendum. 11. ἀπορήσεται]
cur futur.? imo ἀπορεῖται vel ἀπορήσειεν ἄν τις quod praestat.
17. μεγέθους] cur hoc? an pro ῥώμης? non puto, imo translatum
ex v. 21 nam de bonorum magnitudine loquitur ut v. 33. 19. ἢ οὔ;
φησίν] scrib. ἢ οὔ; οὔ, φησίν. sequitur obiectio. 21. ὥστε δῆλον ὅτι
φησίν] φησίν negligenter insertum, et M φανερόν at id ineptum b. l.
aptius v. 32 collocandum μεσότης. φανερὸν ὥστ' ibi enim flagitari
videtur. 22. τίς δὲ τιμῆς] scrib. γάρ. 29. οὔτε δὴ τιμὴ οὔτε ἀρχὴ]
M δ' ἡ . . ἡ. scribe οὔτε δὴ, ἡ . . οὔτε ἡ ἀρχή. 32. ὥστ'] num φανερὸν
addendum? vid. ad v. 21 at quis dixit φανερὸν ὥστε pro ὅτι? vide
ne ὥστε Aristotelio more apodosin incipiat.
II, 4, 37. ὥσπερ δὲ καὶ ἡ ἀρετὴ καὶ ἡ κακία αὑταί εἰσιν ἄτοποι]
prius καὶ om. M, scrib. ὥσπερ δὲ εἰ ἀρετή καὶ κακία. αὗται vel
κακία αὗται. ἐστιν ἄτοπον. p. 1200 b, 8. ἔστι δὲ ἡ] malim ἔστι δή.

15. βέλτιον] βέλτιστον scrib.

II, 6, 37. ἐναντιοῦται τῷ μὴ εἶναι ἐπιστήμην] cui obstat? ei quod in quaestione dictum, πότερον ὁ ἀκρατὴς ἐπιστήμην τινα ἔχει, apparet eum ἐπιστήμην μὴ ἔχειν. vel αὐτῷ μὴ εἶναι. excidisse aliquid videtur ἐναντιοῦται ... αὐτῷ μὴ et constare vel demonstrari ei non inesse, nisi μὴ deleas ἐναντιοῦται τῷ εἶναι. p. 1201, 14. σφοδρὰς μὴ ἔξει] dele μὴ, nam temperans non habet ἐπιθυμίας, aut certe non σφοδράς cf. p. 1203 b, 20. 1146, 9. 15. οὐ γὰρ σώφρων] corrige ὁ γὰρ ex M. p. 1201 b, 2. οὐ'ν] om. M haud male. 7. δόξας ἔχουσι] Bekk. ex K ut videtur, ipse ἡ δόξα τοῖς coniicit. ἐχούσης τὸ M, item sed etiam δόξης editiones ante Bekk. conf. Nic. VII, 4, 1166, 29. subiectum est ex praecedentibus ἡ δόξα. et articulus τοῖς abesse potest. 8. ἔχει] scrib. εἴχε vel propter ἐδόκει. 9. οὐθὲν δὴ ἄτοπον] imo οὐθὲν δ' ἄτοπον. 25. ἤραμεν] non mirum, si autor noster eadem ratione qua Ethica, etiam Logica tractaverit. 26. πρώτην] imo προτέραν. 32. deest ἐπίσταται. p. 1202, 6. πάλιν] delendum. 21. τίλλοντες τὰς τρίχας διατρώγουσιν] ex Nic. p. 1148 b, 15 οἷον τριχῶν τίλσεις καὶ ὀνύχων τρώξεις. ergo noster ὀνύχων non legit, male puto. p. 1202 b, 23. ψεκτή γε] nescio quid sit γε h. l. p. 1203, 8. ὁ γάρ] imo ἀλλ' ὁ nisi verbum φαίνεται vel simile addideris. 10. ὥστ' ἄν] alibi ἄν sic non initio posisum inveni. 13. ὅσῳ γε ὁ τιμιώτερον] scrib. pro ᾧ τὸ τιμιώτατον, sed sensu carent verba καὶ τὰ κατὰ ταῦτα. alterum membrum excidisse videtur, quod ἀκρατῆ describit; sed facilius ita locum adiuvem: ἀλλά πότερος διάκειται χεῖρον ἢ τὰ κακὰ ταῦτα; scil. ἀκολασία et ἀκρασία. tum sic perge: ἢ δῆλον ὅτι ἐκεῖνος ᾧ μηδὲν ἀγαθὸν ἔτι ὑπάρχει καὶ ᾧ τὸ τιμιώτατον κακῶς διάκειται. haec enim duo deinde excutiuntur. 23. κλέαρχος] M add. ἢ Εὐμάνθης latet incerti tyranni nomen. si certum est addidamentum [in vet. tr. non apparet: quam dyons aut phalaris aut clearchas aut alius horum malorum]. 28. διὸ] καὶ add. M. 30. προγενητική τις] corr. προπετής τις vid. p. 1150 b, 19—28 ἀκρασίας δὲ τὸ μὲν προπέτεια τὸ δὲ ἀσθένεια. 1151, 1. 1152, 18. p. 1203 b. 1. καὶ μελαγχολικοῖς] Nic. μάλιστα δ' οἱ ὀξεῖς καὶ μελαγχολικοὶ τὴν προπετῆ ἀκρασίαν εἰσὶν ἀκρατεῖς. ergo contrarium ei quod noster dicit, monuit iam Zell p. 290. item obstant Nic. p. 1152, 19. 28. Num igitur transponenda haec verba et post εὑρίσειν ponenda, an noster Aristotelem corrigere voluit? 9. ἰάσαιτο] ita Bekkerus ex coniectura, idem Scaliger, nisi quod hic calami lapsu ἰασαίτο scripsit. 15. ὁ τοιοῦτος ὢν οἷος.. τοιοῦτος εἶναι οἷος εἰ ἐγγένοιντο κατέχειν] quis unquam tam inepte scripsit? 17. μή] scrib. μήτε. tum τόν τε recte Bekkerus, ceteri δέ; certe μή.. τε vix in hoc autore ferendum, alias praeferrem vulgatam. 18. τὸν περὶ ταῦτα] item v. 19 utroque loco repone ταύτας, scil. ἐπιθυμίας. 22. πάσχειν] id falsum, aut κρατεῖν, aut πάσχειν καὶ κρατεῖν.

II, 7. p. 1204, 35. δεύτερον δ' ὅτι εἰσί τινες φαῦλαι ἡδοναί] at in expositione hoc tertium est argumentum. vid. p. 1205 ἀλλὰ μηδὲ τοῦτο οὐ πᾶσα φησὶν ἡδονὴ ἀγαθόν tum sequitur tertium quod nostro loco secundum v. 25 ἀλλὰ δή, καὶ διότι φαῦλαί εἰσιν ἡδοναί. καὶ διὰ τοῦτο οὐκ ἰδάκει ἡ ἡδονὴ αὐτοῖς ἀγαθὸν εἶναι. ergo illud excidisse videtur, sic fere: δεύτερον δ' ὅτι οὐ πᾶσα ἡδονὴ ἀγαθόν. πάλιν ὅτι εἰσί τινες φαῦλαι ἡδοναί. p. 1204 b, 1. deest argumentum quod infra exponitur pag. 1206, 25 ἄλλος ἦν λόγος ὅτι οὐδεμία ποιεῖ ἐπιστήμη ἡδονήν, cuius mentio hic desideratur; est vero idem quod in Nic. τέχνη οὐδεμία ἡδονῆς vid. comment. et fort. hic fuit καὶ ὅτι ἡδονῆς οὐκ ἔστιν ἐπιστήμη. Quod vero postremum est hic argumentum, id in expositione praecedit, ut verba καὶ ὅτι ἐμπόδιον... ἀγαθόν versu primo post πολύχουν fortasse sint ponenda; tamen hanc concinnitatem non ubique sequuntur autores. καὶ ὅτι οὐ κράτιστον ἡδονή, τὸ δ' ἀγαθὸν κράτιστον] repone quod omnes dicunt, vix enim credas autorem negligentia usum de vulgari usu decessisse οὐκ ἄριστον.. ἀγαθὸν ἄριστον. in expositione infra recte ter legitur ἄριστον. p. 1205, 14. ἐν τούτοις] scrib. ἐν τοῖς αὐτοῖς. 21. οὐ δύο] imo οὐδὲ δύο. 23. ἴλεῖ] alii ἰλεῖ, M νηλεῖ et sane aliud nomen iure addere potest, sed vide ne ἄλλῳ fuerit quod praecessit.

p. 1205 b, 7. ἥδιστον] ἴδιον M recte. p. 1206, 1. τὸ δ'] vulg. τοῦ δ' non recte defendit Wanowski de cas. absol. p. 84. 25. ἄλλος ἦν λόγος] excidit supra; vid. ad p. 1204 b, 1. 31. ἄλλως] scrib. ἄλλος scil. λόγος quod praecedit. 36. ἀπορήσειε δ' ἄν τις μεταβάς] vid. comment. academ. p. 1206 b, 3. φαῦλος· διὸ κἀκεῖνος] optimo Mielach φαύλως διακείμενος. 5. λόγῳ φαύλῳ] scrib. λόγος φαύλως.

II, 8, 38. τούτου ώς επί το πολύ η ωσαύτως ποιητική] ridicule coniunguntur ἀεί ὡς ἐπὶ τὸ πολύ. M corr. pro ἤ habet καὶ ὡσαύτως. locus ex Eudem. translatus pag. 1247, 30. ἀλλὰ μὴν ἤ γε φύσις αἰτία ἢ τοῦ ἀεὶ ὡσαύτως ἢ τοῦ ὡς ἐπὶ τὸ πολύ. ἡ δὲ τύχη τοὐναντίον. unde facile et hic reponas τούτου ὡσαύτως ἢ ὡς ἐπὶ τὸ πολύ ποιητική at p. 1207, 3 ἀεὶ ὡσαύτως, vel solo ἢ transposito τούτου ἢ ὡς ἐπὶ τὸ πολύ ὡσαύτως. p. 1207, 4. ἡ δὲ τύχη οὐ] sane non apte cohaerent, nec male Scaliger οὐ δὲ τύχη, οὐ. 30. τῷ] τὸ Scaliger, non recte, non quod sit, sed qua re sit et fiat docet, et obstat sequens ἐν τῷ. p. 1207 b, 15. ἐν αὐτῷ] ἐν αὐτῇ recte Scaliger.

II, 9, 28. καὶ ἀγαθά] dele καί.

II, 10. p. 1208, 23. locus corruptus quem sanare nescio: οὐδὲ γὰρ ὁ ἰατρὸς ἀλλ'. 27. τῶν γε τοιούτων αἴσθησιν, οὐκ ἔστιν] libri ἔτι. sensus flagitat: τῶν γε τοιούτων αἰσθητῶν αἴσθησις οὐκέτι ἔστιν. 29. ἐπὶ τῶν παθῶν τοῦ γνωρίζειν] num γνωρίζειν cum genitivo construitur?

II, 11. p. 1208 b, 30. οὔτε ἀντιφιλεῖσθαι δέχεται οὔτε ὅλως τὸ φιλεῖν] aegre articulo τὸ in priore membro caremus. p. 1210, 16. el θέλεις et ποιῆσαι delet Scaliger, et sane melius haec abessent. 20. πλεῖον] scrib. πλεῖστον ex M, displicet vero ἐπικρατῆσαν fine positum, neque φθείρεσθαι infinitivus ex priore φασὶν apte dependet; non male igitur Scaliger: ἐπικρατῆσαν φθείρει. p. 1210 b, 21. καὶ φιλεῖ διὰ τὸ τούτων ἢ τυγχάνειν ἢ οἴεσθαι τεύξεσθαι] καὶ φιλῶν δὴ τούτων ἢ τυγχάνει ἢ οἴεται τεύξεσθαι Scaliger; sed nullam video causam qua vulgata mutetur. 36. Scaliger καὶ τῷ εὖ ζῆν καὶ τῷ βούλεσθαι.

II, 12. p. 1211 b, 36. εὔνοοι] scrib. εὔνοι. p. 1212, 4. Δαμείῳ] locus in scholiis Nicom. laudatur fol. 152 καὶ γὰρ ὡς αὐτὸς Ἀριστοτέλης ἐν ἄλλοις λέγει τῷ Δαρείῳ ἐν Περσίδι ὄντι καὶ μετὰ Περσῶν διατρίβοντι τινὲς τῶν ἐν Ἑλλάδι ὄντων καὶ τὸν Δαρεῖον οὐδέποτε θεασαμένων ἦσαν εὖνοι [τῷ Δαρείῳ] ἀγνοοῦντος τοῦτο Δαρείου. 17. ἐπείπερ εἴ τι ἄλλο τοιοῦτον] Scaliger idem quod ego conieci ἐπεὶ περί τι ἄλλο τοιοῦτον quandoquidem tale, τὸ ὁμονοεῖν in alia versatur re. scrib. τὸ τοιοῦτον scil. consentire in hac re, ut eaedem sint litterae. 24. πρακτικοῖς] scrib. πρακτοῖς, item v. 26. nescio cur περὶ ἄρχοντος. conf. Eudem. p. 1241, 31.

II, 13. p. 1212 b, 5. τὰ δὲ συμφέροντα καὶ ἡδέα ἐκστήσεται] Scaliger κατὰ δὲ, vitium intellexit, sed non sustulit. scrib. τοῦ δὲ συμφέροντος καὶ ἡδέος.

II, 15. p. 1213, 4. ὁ ἄνθρωπος] ἀνθρώπῳ Scaliger recte. 13. ἄλλος φίλος ἐγώ] φίλος ἄλλος ἐγώ Scaliger.

II, 16. p. 1213 b, 4. δεῖ ἀεὶ] dele ἀεί.

III.
Politik.

Weder die Untersuchungen über die Ethiken des Aristoteles (1839), noch jene über dessen Politik (1847) hatten die Absicht, irgend eine eigene Entdeckung an das Tageslicht zu fördern; dort galt es vielmehr, die stets gangbare Annahme gegenüber einer erst neu aufgekommenen Ansicht zu vertreten, hier aber theils eine schon seit Jahrhunderten bekannte und von bedeutenden Philologen auch anerkannte Umstellung der letzten zwei Bücher nach dem dritten, theils die neue (1837) von St. Hilaire befolgte Aenderung, das fünfte Buch dem sechsten folgen zu lassen, zu prüfen und zu begründen; der kurz vorher (1843) gemachte Versuch Forchhammer's, aus den Principien der aristotelischen Naturphilosophie die überlieferte Ordnung der Bücher der Politik als folgerichtig zu bewahren, konnte als monströs nicht in Betracht kommen und wurde nur in der Schlussbemerkung, so weit es nöthig war, berührt. Da die entscheidenden Stellen vollständig angeführt werden mussten, so wurde, wo der Text unsicher schien, eine Abhilfe versucht, und man konnte, wenn anders das gegebene nicht unbegründet war, daraus leicht abnehmen, dass von dieser Seite in jenen Büchern noch viel zu leisten übrig bleibe.

Das Ergebniss dieser Untersuchung fand Zustimmung, bis elf Jahre später (1858) Bendixen in seinem ausführlichen Berichte, was die neuere

Zeit zu Aristoteles' Politik geleistet hat,[1]) entschieden für die Ueberlieferung einstand; ihm schloss sich bald darauf Forchhammer an.[2]) Was im Laufe dieses halben Decennium dafür oder dagegen gesprochen worden, ist mir unbekannt;[3]) ich will indessen, da jene Aufsätze zunächst oder einzig gegen meine Darstellung gerichtet sind, diese Gelegenheit benützen, wie vordem über die Ethik, so hier über die Politik mein Urtheil auszusprechen.

Das Festhalten an der Ueberlieferung, die Einsprache gegen Neuerungen ist begreiflich, und in unsern Tagen selbst berechtigter als je. Der Geist der Zeit, weit mehr zum raschen Verwerfen als zum gründlichen Vertheidigen geneigt, bedroht alles bestehende. Denn so gross auch das Verdienst der jetzigen Philologie ist, dass man durch eine methodische Benutzung der Urkunden einen festen Boden zu gewinnen sucht, eben so wenig darf man verkennen, dass unsere Kritiker gar häufig im Bewusstsein ihrer Einsicht oder im Gefühl ihrer Ebenbürtigkeit das Maas überschreiten und dem Scheine nach eine ganz objective, der Wahrheit nach aber eine höchst subjective Herstellung des Textes liefern. Dass damit nur vermessene Uebergriffe bezeichnet werden, und unvernünftiges Festhalten oder sophistisches Vertheidigen unhaltbarer Ueberlieferung gleich verkehrt ist, bedarf keiner Erinnerung.

Jeder Autor hat seine eigene Textesgeschichte, bei Aristoteles haben selbst die einzelnen Schriften ihr verschiedenes Erlebniss, das wir keineswegs immer weit zu verfolgen im Stande sind. Schon die Sage, wie seine Originalhandschriften der Nachwelt überliefert, in Sulla's Zeit aufgefunden und bearbeitet worden sind, bildet ein schwer zu entwirrendes Räthsel; wir können nur das vorhandene Material sichten, doch leuchtet auch daraus ein, dass die Bücher des Organon, der physikalischen und naturhistorischen Werke, auch die der Rhetorik in weit besserer Gestalt uns überliefert sind als die der Politik; diese sind im allge-

---

1) Philologus XIII, 264—300. XIV, 332—72. Ueber die Reihenfolge der zur Politik des Arist. gehörigen Bücher. XVI, 405—521.
2) Philolog. XV, 50—68.
3) Ich kenne nur, was Hildenbrand Gesch. der Rechtsphil I, 388, 436 erwähnt, und Zeller Philos. der Gr. II, 2, 520—6. Brandis Geschichte der Entwicklungen der gr. Phil. I, 559. Schnitzer zu Ar. Politik Eos I, 499.

meinen leicht und verständlich und wir dürfen uns noch glücklich
schätzen; denn was wollte man machen, wenn die ganze Politik dem
Schlusse der Eudemia gleich stünde; aber der Text ist nicht so rein
wie der des Plato, Thukydides, Demosthenes. Wer den Isokrates in der
frühern Ueberlieferung studirt und dann die neue Recension nach dem
Urbinas kennen gelernt hat, mag ein Bild von dem haben, was die
aristotelische Politik ist und was sie sein sollte. Die Handschriften sind
sämmtlich aus später Zeit; ihre Uebereinstimmung am Schlusse des
dritten Buches, welches lückenhaft endet, bezeugt, dass alle aus einer
gleich lückenhaften Quelle stammen, und demnach wenig oder vielmehr
nichts gesagt ist, wenn man das einstimmige Zeugniss aller Handschriften
anruft.[1]) Von Bedeutung aber ist, wenn meine frühere Bemerkung [2])
richtig sein sollte, dass der Auszug der peripatetischen Ethik bei Stobaeus in der Ethik selbst andern Quellen, als wir haben, folgt, dagegen
am Ende p. 322—34 nur unsere Politik benutzt und diese in keiner
andern Gestalt kennt als wir sie jetzt noch haben.

Das wichtigste ist und bleibt das richtige Verständniss des einzelnen und hierin ist noch sehr vieles zu leisten; erst davon kann das
des ganzen ausgehen; dem gegenüber verschwindet fast unsere Frage.
Ob die Bücher VII und VIII am Ende stehen, wie jetzt, oder in die
Mitte gesetzt werden, ob das fünfte Buch dem sechsten mit Recht voraus geht oder diesem folgen soll, berührt den Inhalt nicht im minde-
sten und kann nur theils aus dem innern Zusammenhange und der
Composition des ganzen Werkes, theils aus äussern Angaben bewiesen
werden; ja der grösste Theil unserer Differenz besteht eben darin, dass
wir im einzelnen einander nicht verstehen, der eine die Stelle so, der
andere anders deutet. Die ganze Controverse wird durch die richtige
Erklärung der Stellen III, 13. 18. IV, 2. 3. 7. VII, 4 entschieden. Der
Gegenstand ist demnach an sich nicht von Belang, weit wichtiger ist
z. B. das Problem in der Ethik, welchem der beiden grösseren Werke
die drei fraglichen Bücher anheim fallen, aber zum vollen Begriffe des

---

1) Bendixen XIII, 264. 274. 800. XIV, 244. 264.
2) S. 44- 5.

ganzen Werkes ist auch unsere Frage nicht ganz gleichgültig und darf nicht umgangen werden.[1])

Ausser dem innern Zusammenhange glaubte ich für die Umstellung der beiden letzten Bücher, welchen ihr Platz nach dem dritten anzuweisen sei, auch die Citation von Stellen und darunter IV, 3 anführen zu dürfen; dort lesen wir: ἔτι πρὸς ταῖς κατὰ πλοῦτον διαφοραῖς ἐστὶν ἡ μὲν κατὰ γένος ἡ δὲ κατ' ἀρετήν. κἂν εἴ τι δὴ τοιοῦτον ἕτερον εἴρηται πόλεως εἶναι μέρος ἐν τοῖς περὶ τὴν ἀριστοκρατίαν· ἐκεῖ γὰρ διειλόμεθα ἐκ πόσων μερῶν ἀναγκαίων ἐστὶ πᾶσα πόλις. Nicht erst Woltmann, schon vor Giphanius hatten andere in diesen Worten eine Beziehung auf III, 12 angenommen; dort heisst es, auf Staatsrechte können Anspruch machen, ἐξ ὧν ἡ πόλις συνέστηκεν, dazu gehören die εὐγενεῖς, πλούσιοι, ἐλεύθεροι, aber auch die δικαιοσύνη, πολεμικὴ ἀρετή, ferner die παιδεία und die ἀρετή überhaupt dürfe nicht fehlen. Ungeachtet der Aehnlichkeit, welche einleuchtet, habe ich doch das Vorbild nicht hier, sondern unten VII, 7—8 gefunden, eben so vor mir G. Schneider p. 233. 235. und schwerlich sind wir die ersten zwei, wie wir gewiss auch nicht die letzten zwei sein werden, welche dieser Ansicht huldigen. Dort nemlich werden die verschiedenen Classen, ohne welche ein Staat gar nicht bestehen kann, aufgezählt, die γεωργοί, τεχνῖται, μάχιμοι, εὔποροι, ἱερεῖς, κριταί, alle diese sind in einem Staate absolut nothwendig. Bendixen meint nun gerade darin eine Unmöglichkeit zu erkennen, das Citat des vierten Buches auf VII, 8 zu beziehen, es wäre ein platter Widerspruch, den man dem Aristoteles mit Gewalt aufdringe, dort sei die Rede von den jedem Staate (πᾶσα πόλις) nöthigen Bestandtheilen, hier nur vom besten Staat; es sei ein diametraler Gegensatz und man bringe in den Gedankengang eine Confusion, mit der man ihn

---

3) Dagegen sagt Forchhammer Aristoteles u. die exoterischen Schriften 1864 S. 33: viele Gelehrte hätten das ethisch-politische Werk des Aristoteles in seinen tiefsten Beziehungen nicht vollständig gewürdigt; wer dies gethan, könne unmöglich glauben, die Politik dadurch zu verbessern, dass er mit St. Hilaire, Spengel, Bekker, Brandis, Zeller, Hildenbrand, Bernays die Lehre vom besten Staat, von dem Ziel aller Ethik, welches zugleich das Ziel aller Menschen sein solle, in die Mitte der Schrift nach dem dritten Buch einschiebe; so wenig das siebente Buch der Ethik als nicht nothwendig zur Ethik gehörig betrachtet werden dürfe, so wenig dürfe die Ordnung der Bücher der Politik geändert werden.

billig verschonen möge. Ich wünschte nur, Bendixen hätte jenes Kapitel etwas genauer angesehen, dann hätte er auch einsehen müssen, wie ungegründet und unnütz sein ganzer Einwurf sei. Aristoteles spricht VII, 8 von dem, was alle Staaten haben müssen, was aber nicht alle Verfassungen als Theile anerkennen, sondern die einen mehr, die andern weniger, seine πόλις z. B. erkennt von obigen nur zwei an, die μάχιμοι und κριταί. Er redet doch verständlich genug: γεωργοί μὲν γὰρ καὶ τεχνῖται καὶ πᾶν τὸ θητικὸν ἀναγκαῖον ὑπάρχειν ταῖς πόλεσιν, μέρη δὲ τῆς πόλεως τό τε ὁπλιτικὸν καὶ βουλευτικόν. Darum ist oben gesagt τούτων γὰρ τῶν μερῶν ὁτὶ μὲν πάντα μετέχει τῆς πολιτείας, ὁτὲ δὲ πλείω. Eine solche bestimmte und sichere Angabe enthält III, 12 keineswegs. Wer beide Stellen im Zusammenhange vergleicht, muss unbedingt zugestehen, dass III, 12 nur gelegentlich bei der Untersuchung, welche im Staate auf die ἴσα Anspruch zu machen haben, diese angeführt werden; aber so wenig ist ihre Bestimmung definitiv, dass er nach Angabe der ersten fünf hinzufügt: πρὸς μὲν οὖν τὸ τὴν πόλιν εἶναι δόξαιεν ἂν ἓ, πάντα ἓ, ἐπά γε τούτων ὀρθῶς ἀμφισβητεῖν, zur ζωὴ ἀγαθή, aber habe man auch die παιδεία und ἀρετή zu rechnen. Dagegen ist es VII, 8 seine eigentliche Aufgabe, die Zahl der Classen anzugeben, die allen Staaten unentbehrlich sind, er bestimmt sie nach ihrer Thätigkeit: ἐπισκεπτέον δὲ καὶ πόσα ταυτί ἐστιν ὧν ἄνευ πόλις οὐκ ἂν εἴη: καὶ γὰρ ἃ λέγομεν εἶναι μέρη πόλεως (d. h. unserer ἀρίστη πολιτεία), ἐν τούτοις ἂν εἴη ἀναγκαῖον ὑπάρχειν und nach förmlicher Herzählung dieser durch πρῶτον μὲν . . ἔπειτα . . τρίτον δὲ . . ἔτι . . πέμπτον δὲ . . ἕκτον δὲ . . bemerkt er τὰ μὲν οὖν ἔργα ταῦτ' ἐστὶν ὧν δεῖται πᾶσα πόλις ὡς εἰπεῖν. Welche der beiden Stellen Aristoteles bei seinem Citate IV, 3 gemeint hat, kann demnach gar nicht in Frage stehen, und wenn Forchhammer[1]) den Einwurf macht, jene sechs angeführten Classen seien gar nicht die μέρη des Staates, sondern βίοι und ἔργα, ohne welche der Staat zwar nicht bestehen kann und in welchen auch die μέρη enthalten sein müssen, die aber selbst keineswegs an sich μέρη πολιτείας. Theile des constituirten (!) Staats sind, vielmehr als solche grösstentheils von der ἀρίστη πολιτεία ausgeschlossen

---

1) Philol. XV, 64—8.

werden, — und damit mich widerlegt zu haben glaubt, so beweist dieses nur, dass er um was es sich handelt, zu wenig beachtet hat. Wenn Aristoteles dem Zwecke seiner πόλις gemäss aus diesen sechs nur zwei als μέρη πόλεως anerkennt, so sind ihm die andern vier Stände doch nicht minder integrirend und unentbehrlich, eine andere πολιτεία, z. B. die demokratische, erkennt in ihrer Constitution sie als μέρη des ganzen an und alle werden daher im allgemeinen mit Recht μέρη πόλεως genannt. Die εὐγενεῖς sind als solche kein derartiges Bedürfniss, sie sind in den εὔποροι enthalten, die κριταί aber umfassen zugleich die παιδεία und ἀρετή.

Was aber der Annahme, die Stelle III, 12 werde bezeichnet, besonders entgegen steht, sind die Worte ἐν τοῖς περὶ τὴν ἀριστοκρατίαν. Schon Giphanius hat daraus nicht mit Unrecht geschlossen, jene Stelle des dritten Buches könne nicht gemeint sein. Dort ist gar nicht von der Aristokratie die Rede, sondern nur allgemein von πολίτης, πόλις, πολιτεία, der Constituirung des Staates und der Verschiedenheit seiner Form; erst Kapitel 14 beginnt mit den einzelnen πολιτεῖαι und zunächst mit der βασιλεία, der ersten der oben sechs aufgeführten Staatsformen. Bendixen findet die Frage nach dem Ideengange des Buches allerdings hacklich, glaubt aber, unschwer lasse sich nachweisen, dass meine S. 14—16 gegebene Auffassung desselben weder mit des Aristoteles eigenen Aus- und Zusagen, noch mit dem sachlichen Inhalte jenes Abschnittes völlig harmonire. Wie von allen Werken, so hatte ich auch von der Politik mir einen vollständigen Auszug gemacht und mit diesem in der Hand meine Abhandlung ausgearbeitet; ich konnte demnach in dem, was die Ordnung und Folge der Gedanken betrifft, nicht in die Irre gehen. Ohne diesen sichern Compass sich in wichtigen Fragen in die aristotelische See zu wagen, ist gefährlich, weil man, wie ich an mir selbst erfahren hatte, nur zu leicht verleitet wird, dem untergeordneten eine Bedeutung zu geben, dagegen das wichtigere zu übersehen oder als Nebensache zu betrachten, kurz mehr unter- als auszulegen, während der stete Ueberblick der Gedankenfolge in der Entwicklung eines Gegenstandes nothwendig zurückhält, unberechtigten Deutungen sich hinzugeben oder eigener Phantasie freien Lauf zu lassen.[1]) In unserer Frage wird keine Interpretation zu beweisen im Stande sein, dass eine allgemeine Untersuchung, wie sie Kapitel III, 12 liefert, ποίων ἰσότης ἐστὶ καὶ ποίων ἀνισότης und in welcher die Classen, welche darauf Anspruch machen, gelegentlich erwähnt werden, vernünftigerweise mit dem Ausdrucke ἐν τοῖς περὶ τὴν ἀριστοκρατίαν bezeichnet werden konnte, und so kann ich nicht umhin, zu bekennen, dass ich in dem so grossen Aufwande Bendixens,[2]) mit der Stelle IV, 3 zurecht zu kommen und darin eine nothwendige Beziehung auf III, 12 zu erkennen, so sehr er auch die Sache für immer zu seinen Gunsten entschieden zu haben glaubt, nur einen ganz misslungenen Interpretationsversuch zu sehen vermag. Einmal aufmerksam gemacht, um was es sich handelt, werden andere die Controlle dieser Untersuchung zu führen nicht verfehlen. Kann aber mit jenem Ausdrucke der Inhalt des Kapitels III, 12 überhaupt nicht benannt werden, so werden wir auf die ἀρίστη πολιτεία um so mehr geführt, als Aristoteles wiederholt ἀριστοκρατία und ἀρίστη πολιτεία für gleichbedeutend erklärt,[3]) und dann ist nothwendig keine andere als die angeführte Stelle VII, 7 gemeint. Man wird wenigstens daraus erkennen, dass es meinerseits weder Kurzsichtigkeit noch Eigensinn gewesen ist, sondern dass ich den Gesetzen der Hermeneutik folgte, wenn ich vor siebzehn Jahren so urtheilte, und auch jetzt anders zu urtheilen nicht vermag.[4])

1) irrlichteliren hin und her
2) S. 207—74.
3) IV, 2. 7.
4) Ein zweiter Grund, welcher entscheidend sein soll, möge hier in der Anmerkung berührt werden. IV, 3—4, sagt B. enthalte eine detaillirte Eintheilung, zeige sich überall als erster Entwurf und Grundlage, VII, 8—9 aber sei eine rasche Recapitulation einer geläufig gewordenen Gedankenreihe, dadurch drücke sich unverkennbar die Zeit und Aufeinanderfolge der beiden Bücher aus. Es gibt heut zu tage so fein fühlende Philologen, welche aus dem Tone und Ausdrucke der Sprache die grössere oder geringere Vollendung der Tragödien des Sophokles und damit auch die Zeitfolge dieser genau zu bestimmen wissen. Man muss solchen Sonntagskindern ihre vorzügliche Begabung ohne Neid lassen; hier aber ist die Frage erlaubt, wenn das vierte Buch dem siebenten vorausgeht, wozu in diesem die namentliche Aufzählung und warum beruft er sich nicht einfach auf IV, 4? ganz anders aber, wenn das vierte folgt; dann hatte er die vorhandenen Bestandtheile bereits (im VII. Buche) aufgezählt, aus diesen die für seine πόλις wesentlichen zwei μέρη gewählt, be-

Nicht diese unschuldige Citation ist es, welche zu dem Gedanken einer Umsetzung der beiden letzten Bücher geführt oder verführt hat, sie ist nur eine Nebenstütze, weil, wenn die obigen fraglichen Worte auf VII, 8, nicht auf III, 12 gehen, jene Bücher nothwendig vorausgehen müssen, und so gibt man sich nicht umsonst so viele Mühe, diesen Trumpf nicht gelten zu lassen.

Der eigentliche Beweis ist das ausdrückliche Zeugniss des Aristoteles selbst, der am Ende des dritten Buches mit dürren Worten sagt: nach dem gegebenen habe er über die ἀρίστη πολιτεία, ihre Entstehung und Einrichtung zu sprechen [das Buch schliesst mit einem unvollständigen Satze [1])], das vierte aber mit der Bemerkung beginnt, der philosophische Politiker habe nicht blos eine ἀρίστη πολιτεία aufzustellen, sondern auch in das Gebiet der Wirklichkeit herabzusteigen und den bestehenden Staaten nach Vermögen aufzuhelfen; von den früher aufgezählten Verfassungen, den drei guten, βασιλεία, ἀριστοκρατία, πολιτεία, und den drei schlechten, τυραννίς, ὀλιγαρχία, δημοκρατία habe er die ersten zwei bereits zu Ende gebracht; denn in der ἀρίστη πολιτεία seien beide zugleich enthalten und gehen in ihr auf: καὶ περὶ μὲν ἀριστοκρατίας καὶ βασιλείας εἴρηται (τὸ γὰρ περὶ τῆς ἀρίστης πολιτείας θεωρῆσαι ταὐτὸ καὶ περὶ τούτων ἐστιν εἰπεῖν τῶν ὀνομάτων· βούλεται γὰρ ἑκατέρα κατ' ἀρετὴν συνεστάναι κεχορηγημένην. es bleiben also noch die übrigen vier Verfassungen, zu deren Erklärung so fort übergegangen wird.

Es scheint, dass nur ein klein wenig gesunder Menschenverstand gefordert werde, um einzusehen, dass einst zwischen dem dritten und vierten Buche etwas gestanden habe, was jetzt nicht mehr dort steht, nemlich die ἀρίστη πολιτεία, die wir im siebenten und achten Buche lesen und dieses war um so augenfälliger, als dem unvollständigen Ende des dritten Buches sich der Anfang des siebenten genau anschliesst und

---

ruft sich darauf IV, 3. wie gezeigt worden, und lässt die nähere Nachweisung, wie sie die Ausführung der andern πολιτείαι fordert, folgen. Welcher unbefangene Leser wird VII, 8 eine Recapitulation von IV, 4 nennen?

1) διωρισμένων δὲ τούτων περὶ μὲν τῆς πολιτείας ἤδη πειρατέον λέγειν τῆς ἀρίστης, τίνα πέφυκε γίνεσθαι τρόπον καὶ καθίστασθαι πῶς ἀνάγκη δὴ τὸν μέλλοντα περὶ αὐτῆς ποιήσασθαι τὴν προςήκουσαν σκέψιν. dazu der Anfang des siebenten Buches περὶ πολιτείας ἀρίστης τὸν μέλλοντα ποιήσασθαι τὴν προςήκουσαν ζήτησιν ἀνάγκη διορίσασθαι πρῶτον τίς αἱρετώτατος βίος.

dadurch der volle Zusammenhang hergestellt wird. Indessen Bendixen hält solcher Einfalt hundert gewichtige Bedenken, welche einem fein fühlenden Kenner des Aristoteles, der nicht Lust hat, sich sofort Hals und Bein zu brechen, entgegenstehen, wie ein Medusenhaupt vor, wendet sich mit Entsetzen von dem Frevel, das hinterste zum vordersten zu kehren, ab, und weiss an dem Buchstaben der Ueberlieferung alles bestehende so gelehrt, scharfsinnig und geistreich zu entwickeln, dass ein Leser, welchem die Kenntniss dieser Dinge nicht ganz gleichgültig ist und der auch gerne etwas lernen möchte, mit in die Wolken dieser sublimen Exegese fortgerissen zuletzt wie aus einem Traume erwachend nach seinen Sinnen frägt. Kein Wunder, wenn er dann zu sich gekommen, indem er seinem schwachen Verstande gerecht zu werden sucht, dem Meister und Künstler nicht zu folgen vermag und dieser sich beklagt, man habe ihn missverstanden.[1]) Und doch ist alles ohne Zauberei, höchst natürlich, und ganz im Geiste der aristotelischen Lehre und Polyonymie zugegangen; jene ἀρίστη πολιτεία am Ende des dritten Buches ist gar nicht die, welche wir im siebenten und achten Buche treffen, allein, ist vielmehr der Gesammtinhalt aller folgenden fünf Bücher, jener unvollendete Satz ist eine interessante Reliquie der Lucubrationes des Aristoteles, welche er der Nachwelt übermacht hat, die daraus lernen könne, dass er selbst geschwankt habe und unschlüssig gewesen, ob er von III sogleich zu VII, oder wie er gethan, zu IV übergehen solle, vielleicht bei den verschiedenen Vorträgen es bald so, bald anders gehalten habe. Man muss gestehen, eine glänzendere und beredtere Vertheidigung der Tradition konnte überhaupt nicht geliefert werden, Deutschland hat auch hier seinen Ruhm gewahrt; wie armselig erscheint dagegen die vermeintliche Kritik mit ihren Anhängern, wie sind diese in allem mit zahlreichen Belegen geschlagen, wie Beweise ihnen vorgehalten, an die sie in ihrem Leben nie gedacht haben!

Betrachten wir den Inhalt des dritten Buches, welches hier entscheidend ist, so wird sich zeigen, wie einfach und sicher alles ist; hier

---

1) Gegen Hildenbrand. Phil. XVI, 519.

liegt das πρῶτον ψεῦδος Bendixens, der, was Aristoteles sondert, zusammenwirft, und diesem unterlegt, woran er nicht denkt.[1]) Von der einleitenden Untersuchung ist die Frage cap. 4 die wichtigste, ob in einem Staate die Tüchtigkeit eines sittlich guten Mannes mit der eines guten Bürgers zusammenfalle, πότερον τὴν αὐτὴν ἀρετὴν ἀνδρὸς ἀγαθοῦ καὶ πολίτου σπουδαίου θετέον ἢ, μὴ τὴν αὐτήν; gezeigt wird, dass, da die ἀρετή des πολίτης immer sich nach seiner πολιτεία richtet (also wenn diese verschieden, auch seine ἀρετή verschieden sein wird, die ἀρετή des ἀγαθός aber immer gleich und unveränderlich bleibt), der Staat aus ungleichen besteht und nicht alle tugendhaft sind, im allgemeinen dieses nicht statt findet, dass aber in einem bestimmten Falle es wohl eintreten könne, διότι μὲν τοίνυν ἁπλῶς οὐχ ἡ αὐτή, φανερὸν ἐκ τούτων· ἀλλ' ἆρα ἔσται τινὸς ἡ αὐτή, ἀρετὴ πολίτου τε σπουδαίου καὶ ἀνδρὸς σπουδαίου; genannt ist diese πόλις τις im folgenden nicht, bezeichnet aber deutlich als die ἀρίστη πολιτεία.[2]) Zunächst wird dann nachgewiesen, warum der Staat entstanden und was der Zweck des gesellschaftlichen Zusammenlebens sei, wie viele Arten der Führung es gebe cap. 6—7. Hier wird der Grundsatz aufgestellt, dass jede Verfassung, welchen Namen sie auch tragen möge, wenn sie allein das Wohl der Regierten bezwecke, gut, wenn aber das Interesse der Regierten, schlecht sei; von beiden Arten werden namentlich drei aufgezählt, βασιλεία, ἀριστοκρατία, πολιτεία und deren Ausartungen τυραννίς, ὀλιγαρχία, δημοκρατία. Er ist damit auf dem Boden der Wirklichkeit angelangt, und diese Verfassungen zum Gegenstande der speciellen Untersuchung zu machen, ist seine Absicht.

Man erwartet demnach so fort die ausführliche Auseinandersetzung dieser wirklich bestehenden guten und schlechten Verfassungen, aber Aristoteles hält es nöthig, da die angegebenen Wortbestimmungen der

---

1) Ich habe schon in der Abhandlung S. 31 bemerkt: das richtige Verständniss des Inhaltes des dritten Buches, namentlich des Schlusses desselben, hebt alle Bedenken, die man vorgebracht hat und noch vorbringen kann. Freilich erwartet ich damals nicht, dass man mit solchen Einwürfen auftreten könne, welche man in neuester Zeit zum Besten gegeben hat.
2) Erwähnt wird sie 1276 b, 16 οἱ μὲν ἄλλα καὶ κατ' ἄλλον τρόπον ἐστὶ διαπορεύοντες (ἐπίδειξις) τῶν αὐτῶν λόγων περὶ τὰς ἀρίστας πολιτείας... ὅτε γὰρ ἄριστην ἀναγκαῖον εἶναι τὴν πόλιν.

verschiedenen Staaten unsicher und ungenügend sind, die Theorie aber über die Praxis hinaus die Wahrheit aufsuchen und darthun muss. vorläufig noch die vielen hier auftretenden Bedenken genauerer Untersuchung zu unterwerfen: cap. 8 δεῖ δὲ μικρῷ διὰ μακροτέρων ἐλθεῖν τίς ἑκάστη τούτων τῶν πολιτειῶν ἐστιν· καὶ γὰρ ἔχει τινὰς ἀπορίας, τῷ δὲ περὶ ἑκάστην μέθοδον φιλοσοφοῦντι καὶ μὴ μόνον ἀποβλέποντι πρὸς τὸ πράττειν οἰκεῖόν ἐστι τὸ μὴ παροράν μηδέ τι καταλείπειν, ἀλλὰ δηλοῦν τὴν περὶ ἕκαστον ἀλήθειαν. Das heisst nicht, dass jede einzelne für sich gesondert näher bestimmt werden soll,[1] sondern dass im allgemeinen eine weitere theoretische Untersuchung nicht zu umgehen sei. Es sind daher dieses nur allgemeine Betrachtungen, welche sich strenge an cap. 7, die Aufzählung der verschiedenen Staatsformen anschliessen, die ἀπορίαι τινές, welche gehört werden sollen: so gleich die erste, πρώτη δ' ἀπορία πρὸς τὸν διορισμόν ἐστιν: er hatte Oligarchie und Demokratie nur nach der Quantität definirt, aber dieses bezeichnet nicht das Wesen derselben, denn es könnte auch selbst das Gegentheil eintreten, und so wird nun auch die Qualität berücksichtigt. Hier finden wir die gehaltvollsten Lehren fast des ganzen Buches, welche mit goldenen Buchstaben geschrieben zu werden verdienen, cap. 9—13. Alle freundlichen Verträge mit den Nachbarstaaten, alle Verbindungen unter einander zum nöthigen Lebensunterhalte, alle financiellen Maassregeln machen noch keinen glücklichen Staat, dieser ist nicht des blosen ζῆν, sondern des εὖ ζῆν wegen da,[2] ohne höheres geistiges Princip ist er haltlos, erst die φιλία und ἀρετή, gegenseitiges Wohlwollen, Liebe und Streben nach höherem geben ihm geistige Kraft: τῶν καλῶν ἄρα πράξεων χάριν θετέον εἶναι τὴν πολιτικὴν κοινωνίαν. ἀλλ' οὐ τοῦ συζῆν. διόπερ ὅσοι συμβάλλονται πλεῖστον εἰς τὴν τοιαύτην κοινωνίαν. τούτοις τῆς πόλεως μέτεστι πλεῖον ἢ τοῖς κατὰ μὲν ἐλευθερίαν καὶ γένος ἴσοις ἢ μείζοσι, κατὰ δὲ τὴν πολιτικὴν ἀρετὴν ἀνίσοις, ἢ τοῖς κατὰ πλοῦτον ὑπερέχουσι κατ' ἀρετὴν δ' ὑπερεχομένοις. d. h. ein einfacher Schullehrer oder Landgeistlicher, welchem die

---

[1] Bendixen XIII, 271 not 16.
[2] Mit dem Staate ist es, wie mit der Ehe; sie ist zur Befriedigung der geschlechtlichen Bedürfnisse, aber es liegt in ihr ein weit höheres verborgen, die Fortpflanzung und Bildung des menschlichen Geschlechtes, und wie in ihr das Glück und die Beseligung des Menschen als *aoodcoτικὸν ζῷον*, so im Staate als *πολιτικὸν ζῷον*.

geistige Ausbildung seiner Zöglinge am Herzen liegt und gelingt, ist mehr werth und ein würdigeres Glied des Staates, als ein Millionär, dessen Herz nur an seinem Gelde hängt und welcher keinen Funken von dem im Leibe trägt, was das wahre Wohl der Gesellschaft fordert und fördert.[1]) Dass dieser edle Zweck in den gewöhnlichen Staatsformen grossentheils verschwindet, in der ἀρίστη πολιτεία aber sich von selbst versteht, ist hier nicht gesagt, wird aber stillschweigend vorausgesetzt.

Eine zweite Frage ist, wer die Herrschaft im Staate führen soll, cap. 10 ἔχει δ' ἀπορίαν, τί δεῖ τὸ κύριον εἶναι τῆς πόλεως, alle machen darauf Anspruch, πλῆθος, πλούσιοι, ἐπιεικεῖς, βέλτιστος εἷς, aber überall Zweifel und Bedenken, und wollte man auch, nicht der ἄνθρωπος, sondern der νόμος soll κύριος sein, so haben wir verschiedene νόμοι, z. B. δημοκρατικοί, ὀλιγαρχικοί und die alte Schwierigkeit bleibt. Hier treffen wir den merkwürdigen Satz cap. 11, das Volk, πλῆθος, habe mitsammen eine bessere Einsicht als die wenigen einzelnen tüchtigen, das Urtheil des Publicums über Producte der Poesie, Musik gelte mehr als das der Künstler selbst. Anfangs spricht er submiss und will nur die Möglichkeit nicht läugnen, dass dieses bei manchen δῆμος statt finden könne, sagt vielmehr ausdrücklich, bei einem Volke, das auf ganz tiefer Culturstufe stehe — καίτοι τί διαφέρουσιν ἔνιοι τῶν θηρίων ὡς ἔπος εἰπεῖν; — könne gar nicht davon die Rede sein, aber allmählig macht er doch eine solche Anwendung von diesem Satze, dass er ihm geradezu

---

1) Zu beachten ist, dass alle schönen Gedanken des Aristoteles III, 9 über den Staat schon im Mythos des Protagoras deutlich ausgesprochen sind. Die Menschen treten zusammen und bilden Städte, aber sie haben die πολιτική τέχνη nicht, und gehen dadurch zu Grunde, sie werden ein Raub der Thiere, da ihnen die πολεμική τέχνη, ein Theil der πολιτική fehlt; und so oft sie sich verbinden, immer werden sie zerstreut, da sie einander unrecht thun. Erst als Zeus durch Hermes ihnen die αἰδώς und δίκη als φιλίας συναγωγοὶ schickt, wird ihre Erhaltung möglich. αἰδώς, die Achtung vor dem guten, καλόν, Schaen vor dem bösen αἰσχρόν, δίκη (δικαιοσύνη), nicht blos im Halten des Contractes und kein Unrecht thun, sondern Bewahren des sittlichen Rechtes Eine rationalistisch-historische Erklärung, wie der Mensch zur Erkenntniss des Guten und Bösen, des καλόν und αἰσχρόν oder jener platonischen αἰδώς gekommen, gibt Polybius VI, 3 sqq., freilich mehr eine Verwässerung der platonischen Politik, aber doch ganz gut und vernünftig. Ehrsucht und Geldsucht sind dem Aristoteles die schlimmsten Uebel auf der Welt II, 9 παῖτοι τῶν γ' ἀδικημάτων ἴσως αἱ τὰ πλεῖστα συμβαίνει διὰ φιλοτιμίαν καὶ διὰ φιλοχρηματίαν τοῖς ἀνθρώποις.

ein Hauptprincip ist und er überall geltend gemacht wird.[1]) Also das Volk darf nicht gering geachtet werden; daraus löst sich eine andere Frage τίνων δεῖ κυρίους εἶναι τοὺς ἐλευϑέρους καὶ τὸ πλῆϑος τῶν πολιτῶν: es fällt ihm nemlich das βουλεύεσϑαι καὶ κρίνειν zu.

Endlich folgt, da alle das πολιτικὸν ἀγαϑὸν als ἴσον betrachten und darauf Anspruch machen, die letzte schon oben berührte Frage cap. 12 —13 τίνων ἴσων τις ἐστί καὶ τίνων ἀνίσων τις; auch von ihr heisst es ἔχει γὰρ τοῦτ' ἀπορίαν καὶ φιλοσοφίαν πολιτικήν. Nicht jede Auszeichnung und Hervorragung auf irgend einem Gebiete berechtigt zu einer gleichen Auszeichnung im Staate; darauf können nur die Ansprüche machen, welche als Bestandtheile des Staates gelten. Man denke sich einen solchen aus ἀγαϑοί, εὐγενεῖς, πλούσιοι, πλῆϑος zusammengesetzt, wer soll oben an stehen und die Leitung des ganzen führen? πότερον ἀμφισβήτησις ἔσται τίνας ἄρχειν δεῖ ἤ, οὐκ ἔσται: alle wollen herrschen, die ersten zwei eine Aristokratie, die einen im wahren, die andern im gewöhnlichen Sinne, die πλούσιοι wollen eine Oligarchie oder Timokratie, das Volk eine Demokratie. Alle haben ein δίκαιόν τι, aber alle können auch wieder abgewiesen werden; denn wenn in der Oligarchie, in welcher πλοῦτος das massgebende ist, einer reicher als alle andern mitsammen wäre, so müsste nach solchem Grundsatze dieser allein über alle herrschen; dasselbe gilt von den εὐγενεῖς und ἀγαϑοί.[2]) Dieses Princip demnach, wonach die einen allein herrschen (ἄρχοντες), die andern unterthan (ἀρχόμενοι) sind (jede Regierungsform, welche die einen an die Spitze stellt und die übrigen ausschliesst), kann nicht richtig sein; dagegen tritt in der ἀρίστῃ πολιτεία eine volle Ausgleichung dadurch

---

1) Dass dieser Satz gegen Platon gerichtet ist, habe ich schon früher Ueber die Politik S. 15 bemerkt: sollte Aristoteles in das andere Extrem gefallen sein? fast scheint es, wenn man das Beispiel vom Arzte liest p. 1281 b, 41 seqq.; in allem, was streng wissenschaftlich ist, dem Publicum ein richtiges Urtheil zuzumuthen, ist wohl auch ihm nicht eingefallen. Aber was allgemein menschlich ist, das δίκαιον, καλόν, σώφρον, συμφέρον u. s., was die Griechen mit den Worten καλοὶ κἀγαϑοὶ bezeichnen, darüber kann jeder auch urtheilen und die Masse urtheilt hierin oft richtiger, als ein Fachmann, der selbst häufig ohne es zu merken, befangen ist.

2) III, 13, 1283 b, zu τοῦτο δὲ τοῦτ' ἴσως συμβήσεται καὶ περὶ τὰς ἀριστοκρατίας ἐπὶ τῆς ἀρετῆς· εἰ γάρ τις εἷς ἀμείνων ἀνὴρ τῶν ἄλλων τῶν ἐν τῷ πολιτεύματι σπουδαίων ὄντων, τοῦτον εἶναι δεῖ κύριον κατὰ ταὐτὸ δίκαιον·

ein, dass ein gegenseitiges ἄρχειν καὶ ἄρχεσθαι statt findet.[1]) Sollte aber einer κατ' ἀρετῆς ὑπερβολὴν gleichsam wie ein θεός unter den Menschen hervorragen, dass er den andern gegenüber als völlig incommensurabel (μὴ συμβλητός) dasteht, so bleibt auch im besten Staate, ἀρίστη πολιτεία, nichts übrig, als ihn oben an zu stellen und sich ihm willig unterzuordnen.[2])

Hiemit schliessen diese ἀπορίαι, Erörterungen, deren Zweck nur ist, zum näheren Verständniss der cap. 7 gegebenen guten und schlechten Verfassungen zu dienen, und Aristoteles beginnt mit der ersten ὀρθὴ πολιτεία, nemlich der βασιλεία. Der Uebergang ist durch die letzten Worte des vorhergehenden Kapitels ganz passend eingeleitet, Anfangs- und Schlussworte bezeugen, dass wir eine gesonderte für sich bestehende Abhandlung vor uns haben,[3]) ihr Inhalt cap. 14—7, dass wir uns hier bereits auf historischem Boden befinden. Diese βασιλεία ist in verschiedenen Formen und Gestalten aufgetreten, fünf Arten derselben werden aufgezählt, sie ist ihm mehr eine historische Ueberlieferung, als bei der geistigen Entwicklung seines Volkes, das er wie alle griechischen Philosophen und Politiker fast allein berücksichtigt, eine noch lebensfähige Form; er verfehlt daher nicht, die Bedenken über Thunlichkeit und Grenzen dieser Regierung in manigfachen ἀπορίαι darzulegen.[4]) Nur der oben III, 13 gegebene Einzelfall einer besonders hervorragenden Auszeichnung könnte eine denkbare Ausnahme machen, und so schliesst die Untersuchung begreiflicher Weise mit demselben

---

1) Ibidem v. 43 πολίτης δὲ κοινῇ ὁ μετέχων τοῦ ἄρχειν καὶ ἄρχεσθαί ἐστι, καθ' ἑκάστην δὲ πολιτείαν ἕτερος, πρὸς δὲ τὴν ἀρίστην ὁ δυνάμενος καὶ προαιρούμενος ἄρχεσθαι καὶ ἄρχειν πρὸς τὸν βίον τὸν κατ' ἀρετήν.

2) 1284 b. 85 ἀλλ' ἐπὶ τῆς ἀρίστης πολιτείας ἔχει πολλὴν ἀπορίαν . . λείπεται τοίνυν ὅπερ ἔοικε πεφυκέναι, πείθεσθαι τῷ τοιούτῳ πάντας ἀσμένως, ὥστε βασιλέας εἶναι τοὺς τοιούτους ἀϊδίους ἐν ταῖς πόλεσιν.

3) III, 14 ἕως δὲ καλῶς ἔχει μετὰ τοὺς εἰρημένους λόγους μεταβῆναι καὶ σκέψασθαι περὶ βασιλείας· φαμὲν γὰρ τῶν ὀρθῶν πολιτειῶν μίαν εἶναι ταύτην. und der Schluss III, 17 περὶ μὲν οὖν βασιλείας . . διωρίσθω τὸν τρόπον τοῦτον.

4) Es sind in diesen Kapiteln mehrere Schwierigkeiten über Ordnung und Folge, welche zu berühren nicht hieher gehört. — Theophrastus ἐν τοῖς περὶ βασιλείας hat wohl alles aus Aristoteles genommen; das von Dionysius Arch. V, 73—4 angeführte stimmt genau mit III, 14 seqq. überein; aber warum citirt Dionysius den Theophrastus, nicht den Aristoteles? kannte er ihn nicht, oder hat er es vergessen?

Ergebnisse wie dort, — es ist ja nicht ein neuer verschiedener Fall, sondern nur die Anwendung desselben hier, wo von der βασιλεία die Rede ist — dass man einem solchen sich willig unterordnen müsse.[1]) Unbezweifelt steht also fest und ist durch keine Klügelei wegzudeuten, dass von dem dritten Buche cap. 1—13 bestimmt sind, den Leser zu dem, was folgen soll, gehörig vorzubereiten, es sind die πρῶτοι λόγοι, πρώτη μέθοδος. Gesprochen wird über Bürger und Bürgerthum (πολίτης, πολιτεία), die Grundlage für das folgende bildet die Eintheilung in die drei guten und drei schlechten Verfassungen cap. 7, woran sich cap. 8—13 als nähere Erklärung und Beleuchtung jener Eintheilung enge anschliessen. Dagegen beginnt mit cap. 14 die Auseinandersetzung der ersten der drei angegebenen guten Verfassungen, der βασιλεία, und endet mit cap. 17.

Ganz anders Bendixen. Er betrachtet die Kapitel 8—18 als die zweite Hälfte des dritten Buches, welche einen mehr theoretischen Excurs, eine Episode, einen besonders zusammengehörigen Abschnitt bilden in der unausgesetzten Verfolgung und Fortführung eines aufs engste und innigste unter sich verbundenen Gedankenganges, und zwar umfasse c. 8—11 die Demokratie und Oligarchie, 12—13 die Aristokratie, 14—18 das Königthum und die Tyrannis;[2]) dann ist wieder nach seiner Meinung c. 12—18 eine fortgesetzte Untersuchung über die staatsbürgerlichen Vorrechte persönlicher Vorzüge;[3]) hier sei der beste Staat, die beste Aristokratie geschildert, aber verschieden von der ἀρίστη πολιτεία im siebenten Buche. Unzweideutige Auskunft über den besten Staat des dritten, heisst es,[4]) geben die Kapitel 13 und 16; dort sei die Rede, dass einzelne Persönlichkeiten weit über alle hervorragen können, welchen man sich im besten Staate, wie im Königthume, un-

---

1) III, 17 dieselben Worte wie oben ὥστε λοιπὸν μόνον τὸ πείθεσθαι τῷ τοιούτῳ καὶ κύριον εἶναι μὴ κατὰ μέρος τοῦτον ἀλλ' ἁπλῶς. Man war häufig der Ansicht, Aristoteles habe diese Ausnahme seinem Zöglinge Alexander zu lieb gegeben. Richtig hat Bendixen XVI, 517 sich dagegen entschieden ausgesprochen: hatte er je daran gedacht, so war er gewiss längst davon abgekommen. Der Philosoph setzt nur den möglichen Fall, auch wenn er keine Wahrscheinlichkeit hat, dass ein solcher je eintreten werde.
2) XIII. 270—2. 285. 289. XIV, 365.
3) S. 295.
4) S. 287—91.

bedingt unterwerfen müsse; aber die zwei hier geschilderten besten Staaten könnten unmöglich, ohne den Aristoteles mit sich selbst in unauflöslichen Widerspruch zu bringen, mit dem der letzten zwei Bücher, in welchem völlige Gleichheit aller Bürger herrsche, identisch sein; man habe also eine ἀρίστη βασιλεία und eine ἀρίστη ἀριστοκρατία anzunehmen, letztere sei es, auf welche sich Aristoteles IV, 3 berufe, beide verschieden von seiner ἀρίστη πολιτεία.

Bendixen wisse, dass im dritten Buche in jenen ἀπορίαι überhaupt keine ἀρίστη πολιτεία geschildert sei, also auch keine beste Aristokratie, wo aber der Name erwähnt wird, ist natürlich keine andere als die der letzten Bücher zu verstehen; denn die Schwierigkeiten, welche in den gewöhnlichen Staaten entstehen und durch die ἀπορίαι angezeigt sind, werden eben durch die bald ausdrückliche, bald stillschweigende Hindeutung auf die ἀρίστη πολιτεία gelöst und beseitigt. Jener Ausnahmsfall aber in thesi bildet keine Schwierigkeit; er ist dort im Gegensatze hervorgehoben, dass schlechte Staaten einen solch hervorragenden Mann nicht gedulden und sich seiner entledigen; im guten Staate unterwerfen sich die andern κατ' ἀρετὴν ἀγαθοί von selbst, weil sie ihrer Schwäche ihm gegenüber sich bewusst sind, er aber wird, da alle κατ' ἀρετὴν sind, ihnen nichts entziehen, was ihnen gebührt, es ist eine freiwillige bewusste Unterwerfung.

Eine ἀρίστη πολιτεία wird demnach im dritten Buche nicht geschildert und so kann auch Aristoteles sich IV, 3 nicht auf die beste Aristokratie dieses Buches berufen; was Bendixen dafür vorgebracht hat, beweist nur, dass ihm Bedeutung und Zusammenhang dieser Untersuchungen völlig entgangen ist, und dieses muss man um so strenger rügen, als durch die blendende Darstellung der Leser leicht irre geführt wird. Wenn irgend wo, so kann und muss hier volle Entschiedenheit und Gewissheit gegeben werden, dazu wird nicht Verstand, auch nicht Kritik gefordert, sondern nur die einfache Darlegung des Inhaltes und der Gedankenfolge, dass man Haupt- und Nebensachen unterscheide, und nicht was seiner Hypothese im Wege steht, zu verdrehen suche.[1]

---

[1] Wie er S 271. 294 den Uebergang zur βασιλεία als gar nichts besonderes betrachtet. Kaum kann zur Entschuldigung dienen, dass die vielen ἀπορίαι in beiden Partien zu einer Gleichstellung von c. 14—7 mit 8—13 verführt haben.

Bendixen spricht auch hier sehr bescheiden, z. B. „solcher Darstellung scheint Aristoteles selber zu widersprechen," oder „wie es scheint," oder „meiner Meinung nach," glaubt aber doch aus solchen Scheingründen volle Gewissheit zu geben und redet zuletzt von dem Gewichte der vorgebrachten Argumente; aber ein Dutzend εἰκότα, woran sein Geist so erfinderisch ist, geben noch kein τεκμήριον, und diese subjective Sprache ist gerade da am entschiedensten zurückzuweisen, wo objective Darstellung gefordert werden muss und leicht gegeben werden kann. Der Inhalt beweist hier an sich, dass Aristoteles weder c. 12—13, noch sonst in c. 8—13 an eine beste Aristokratie dachte, überhaupt nicht die ἀρίστη πολιτεία, deren nur gelegentlich Erwähnung geschieht, einer förmlichen Betrachtung unterziehen wollte oder wirklich unterzogen hat. Eine beste Aristokratie ist also im Texte nicht zu finden und damit der neuen Hypothese von selbst Grund und Boden entzogen.

Dem Königthume, dessen Anfang und Ende, wie bemerkt, zeigen, dass es ein selbstständiges ganzes bildet, muss wie jeder von selbst sieht, die ἀριστοκρατία folgen, und sie wird im letzten Kapitel angekündet, dessen erste Worte die drei guten Verfassungen in Erinnerung bringen, ein Kapitel, das in dieser Sache entscheidend ist, aber alten und neuen [1]) Zank hervorgerufen hat: ἐπεὶ δὲ τρεῖς φαμὲν εἶναι τὰς ὀρθὰς πολιτείας, τούτων δ᾽ ἀναγκαῖον ἀρίστην εἶναι τὴν ὑπὸ τῶν ἀρίστων οἰκονομουμένην, τοιαύτη δ᾽ ἐστὶν ἐν ᾗ συμβέβηκεν ἢ ἕνα τινὰ συμπάντων ἢ γένος ὅλον ἢ πλῆθος ὑπερέχον εἶναι κατ᾽ ἀρετήν, τῶν μὲν ἄρχεσθαι δυναμένων τῶν δ᾽ ἄρχειν πρὸς τὴν αἱρετωτάτην ζωήν, ἐν δὲ τοῖς πρώτοις ἐδείχθη, λόγοις ὅτι τὴν αὐτὴν ἀναγκαῖον ἀνδρὸς ἀρετὴν εἶναι καὶ πολίτου τῆς πόλεως τῆς ἀρίστης, φανερὸν ὅτι τὸν αὐτὸν τρόπον καὶ διὰ τῶν αὐτῶν ἀνήρ τε γίνεται σπουδαῖος καὶ πόλιν συστήσειεν ἄν τις ἀριστοκρατουμένην ἢ βασιλευομένην. ὥστ᾽ ἔσται καὶ παιδεία καὶ ἔθη ταὐτά σχεδὸν τὰ ποιοῦντα σπουδαῖον ἄνδρα καὶ τὰ ποιοῦντα πολιτικὸν καὶ βασιλικόν. Da die Prämissen klar und vollständig sind, so wird, sollte man denken, auch die Schlussfolge nicht zweifelhaft sein, und wenn man aus jenen weiss, was Aristoteles sagen musste, so wird es nicht schwer werden, darüber zu urtheilen, ob das, was uns geschrieben vorliegt, dem entsprechend ist oder

---

1) Bendixen XIV, 293 sqq. Forchhammer XV, 57 sq.

nicht. Der Inhalt aber ist folgender: da es drei gute Verfassungen gibt (βασιλεία, ἀριστοκρατία, πολιτεία), von diesen aber nothwendig jene die beste ist, welche von den besten verwaltet wird, eine solche die ist, in welcher einer über alle an Tugend hervorragt, oder ein Geschlecht, oder eine Masse solcher, die im Stande sind, sich so regieren zu lassen und so zu regieren, dass sie das glücklichste Leben, die Eudämonie, anstreben, oben aber gezeigt ist, dass im besten Staate der tugendhafte Mann und der gute Bürger nothwendig identisch sind, so ist klar — was nun? was anders, als dass man eine solche ἀρίστη πόλις auch wirklich schaffen könne? wie man nemlich einen tugendhaften Mann machen kann, so einen guten Bürger, und damit also auch einen solchen Staat, mittelst derselben παιδεία und ἔθη ohne merkbare Verschiedenheit; denn Ethik und Politik gehen hier Hand in Hand und sind nie in Widerstreit. Und so wollen wir — sagt Aristoteles weiter — so fort die ἀρίστη πολιτεία in Angriff nehmen, ἤδη πειρατέον λέγειν, wie sie naturgemäss entsteht und eingerichtet wird. Dieses ist die logische Gedankenfolge, welche man erwartet; ist der Text sicher überliefert, was ich bezweifelte und noch bezweifle, so ist die conclusio etwas anders, jedoch ohne allen Einfluss auf die Sache selbst; der Nachsatz heisst dann: so ist klar, dass man gerade so und durch dieselben Mittel und Wege, wie einer ein tugendhafter Mann wird, auch einen Staat einrichten könne, in welchem auf die oben bezeichnete Art mehrere oder einer die Regierung führen, so dass fast dieselbe Erziehung und Bildung einen wie zu einen moralischen Mann, so zu einen tüchtigen Staatsmann und fähigen König machen wird.

Das ganze Kapitel zeigt klar, dass es Einleitung und Uebergang zu etwas neuem ist, was folgen soll,[1]) und wenn bemerkt wird, im Muster-

---

1) Bendixen bat S. 293 seqq. das Kapitel ganz falsch verstanden. Es ist kein Abschluss wie er meint von c. 12—18, sondern der Uebergang zu neuem; in demselben sind die zwei Staaten, beste Aristokratie und beste Königthum nicht bezeichnet, denn πλῆθος umfasst zugleich die Masse der Bürger des arist. Staates. Einen eminenten Mann aber in der ἀρίστη πολιτεία zu bilden, der über alle andere gute gleich einem θεός unter Engeln hervorrage, wie er cap. 13 angedeutet ist, woraus B. sich seine beste Aristokratie geschaffen hat, konnte dem Aristoteles auch nicht im Traume einfallen; das geschieht nur durch die besondere Gnade Gottes, er aber ist zufrieden, wenn allen Bürgern seines Musterstaates mens sana in corpore sano inwohnt. Das Participium τῶν μὴ . . ὁμοφύτων ist nicht

staate des Aristoteles seien alle Bürger gleich, so ist zu erinnern, dass absichtlich gesagt ist: *ἐν ᾗ σπουδάζεται* . . *εἶναι*. Ob einer oder viele die Leitung führen, ist ein *σπουδαῖος*, eben so wenig soll damit der Werth des absoluten unbeschränkten Königsthums hervorgehoben werden.[1] er will nur die Möglichkeit nicht abstreiten, dass auch einer κατ' *ἀρετὴν ὑπερέχων* eine *ἀρίστη πολιτεία* bilden könne, hat aber vorzüglich das *πλῆθος*, wo dieselben zuerst beherrscht werden, vor Augen, darum hat er gleich Platon die *γεωργοί* und *τεχνῖται* von seinem Staate ausgeschlossen.[2] Nicht auf den Worten ἢ *βασιλευομένην* und *καὶ βασιλικὴν*, auch wenn diese wirklich von Aristoteles stammen, liegt der Nachdruck, alle Bedeutung liegt vielmehr darin, dass mittelst der *ἀνδρὸς ἀρετή, καὶ πολίτου* auch wirklich eine *ἀρίστη, πολιτεία* geschaffen werden könne. Nach dem Inhalte des dritten Buches und der ausdrücklichen

---

hypothetisch, sondern factisch; eben so wenig hat *νενομισμένων* irgend eine Beziehung auf das erste Buch; nun kann die beiden S 291. 297 aufgestellten Sätze immer zugeben, für unsere Stelle folgt daraus nichts
1) XIV. 3(?)0.
2) Es ist zu beachten, dass A. weder einen selbstständigen Bauernstand noch Gewerbestand, so unentbehrliche Elemente zur Bildung des Staates sie sind, anerkennt sie sind ihm nicht *μόρη τῆς πόλεως*. Die *γεωργοί* können ihm nicht die *ἀρετή*, die Pflicht eines Bürgers üben, weil mit dem Erwerb beschäftigt und diesem hingegeben sie nicht zum höheren und geistigen sich erheben. Er mochte mit Demosthenes denken *ἔστι δ' ὀρθῶς εἰμαι μέγα καὶ* *νεανικὸν φρόνημα λαβεῖν μικρὰ καὶ φαῦλα πράττοντας· ὁποῖ' ἄττα γὰρ ἂν τὰ ἐπιτηδεύματα τῶν ἀνθρώπων ᾖ, τοιοῦτον ἀνάγκη καὶ τὸ φρόνημα ἔχειν*. Es ist das quaestum facere, was dem jungen nicht geziemt; eine Ansicht, die nicht zu tadeln ist, weil die Tendenz des Bürgers einem höhern, der Tugend geweiht sein soll. Aber dann darf man das auch nicht im grossen treiben, als Fabrikherren, wie es bei den Alten gewesen: man sieht darin die Inconsequenz. Bei uns werden alle in der Tugend unterrichtet, und so kann auch der niedrige, der Dienstbote Tugend üben, ohne nur dem quaestum nachzugeben; aber wie schwer wird es, wie selten geschieht es! Dass A. auch die *γεωργοί* ausschliesst und die Bebauung des Landes für nicht geeignet hält, die *ἀρετή* zu üben, ist noch auffallender; die Römer hatten diese Ansicht nicht. A. that es wie es scheint, weil es ein uraltes Princip war, dass die *γεωργοί* Leibeigene, Zinsbauern, *περίοικοι* waren, und weil es in alter Zeit überall und noch zu seiner Zeit an vielen Orten so war, schloss er, es müsste so sein, hierin mit Platon völlig einverstanden; sonst möchte man glauben, hätte der Widerspruchsgeist ihn dieses Princip zu verwerfen veranlasst. Nicht anders ist es mit der *δουλεία*, weil vorhanden und allgemein anerkannt, schien sie ihm *φύσει* zu sein, und er bemühte sich, dieses zu demonstriren. Eben so hatte er in allen freien Staaten, wo das Volk nicht gebunden war, bereits vorgefunden, dass es Antheil an dem *κοινωνεῖσθαι* und *κρίνειν* hatte und dieses III, 11 als unerlässliches Princip der Freiheit festgestellt. Was in solchem bei A. speculative Forschung scheint, ist oft nichts anderes als Erklärung des Bestehenden.

Ankündigung am Schlusse desselben muss also die ἀρίστη πολιτεία unmittelbar folgen; sie vertritt die Stelle der oben c. 7 genannten ἀριστοκρατία. Aristoteles versteht darunter nicht die Aristokratie, wie man sie im gewöhnlichen Leben im Gegensatze zur Oligarchie, weil sie doch besser als diese ist, zu nennen pflegte, sondern die ἁπλῶς ἀρίστη πολιτεία, ist sie doch schon oben so genannt ἢ διὰ τὸ τοὺς ἀρίστους ἄρχειν ἢ διὰ τὸ πρὸς τὸ ἄριστον τῇ πόλει καὶ τοῖς κοινωνοῦσιν αὐτῆς. Diese ist nun in den letzten zwei Büchern nur noch theilweise erhalten und hat demnach zwischen dem dritten und vierten Buche ihre feste Stellung einzunehmen.

Wenn aber dem wirklich so ist, wie vertheidigt Bendixen die überlieferte Ordnung? Es sei, sagt er, keineswegs nothwendig, dass diese ἀρίστη πολιτεία sogleich beginne und nicht vielmehr mit andern verbunden das ganze abschliesse; er habe bewiesen, dass Aristoteles in jenem Excursus III, 8—18 die ἀρίστη βασιλεία und ἀρίστη ἀριστοκρατία dargestellt habe, zur Vollständigkeit bleibe nun nichts übrig, um die Lehre von den drei guten Staaten abzumachen, als im Gegensatze davon auch die dritte Form, die ἀρίστη πολιτεία zu erörtern, in welcher nicht eine πλεονεξία τῶν ἀρχόντων wie dort herrsche, sondern alle ἴσοι sind, und dieses sei die der letzten zwei Bücher, auf die Basis völliger Gleichheit aller Bürger begründet, weit verschieden von jenen zwei im dritten Buche, von denen jede für sich auch eine ἀρίστη πολιτεία sei; Aristoteles sage selbst, sowohl Oligarchie als Demokratie habe ein ἴσον τι, nur nicht das ἁπλῶς ἴσον und so könne es nicht auffallen, wenn er von unten anfange, die bestehenden Abarten so weit es in ihrer Sphäre angehe, zu einer ἀρίστη ὀλιγαρχία und ἀρίστη δημοκρατία potenzire, wie das in IV—VI geschehe, um dann von den ἴσον τι zu den ἁπλῶς ἴσοι aufzusteigen und damit das ganze schön abzuschliessen: auf diese Art habe man ein in sich völlig abgerundetes, consequent durchgeführtes Lehrgebäude der Politik; indessen lehre der unvollendete Schluss des dritten Buches auch noch anderes: er berechtige keineswegs zu der von den Kritikern versuchten Umstellung der Bücher, lege vielmehr nach dem Gewichte der vorgebrachten Gegengründe nur dafür Zeugniss ab, dass der Autor selbst unschlüssig am Scheidewege gestanden habe, ob er seine dritte ἀρίστη πολιτεία sogleich an die beiden

andern anschliessen solle, und dann würden das siebente und achte
Buch voraustreten und die Nothstaaten hinten drein folgen, oder ob er,
wie sein Werk nun vorliege, mit den Nothstaaten beginnen und mit
seinem Musterstaate, dem ἁπλῶς ἴσον, abschliessen solle, „vielleicht, dass
solches bei den verschiedenen Vorträgen von ihm selber bald so, bald
anders gehalten ist; dass er einmal schwankend und unschlüssig vor
jener Wahl gestanden, dafür scheinen jene Worte Zeugniss abzulegen,
für nichts weiter."

Bendixen hat selbst gefühlt, was man gegen seine Auffassung ein-
wenden kann, sie sei unwahrscheinlich, mit einer richtigen Interpretation
nicht zu vereinen und muthe der Darstellung gar manche Nachlässig-
keiten und Härten zu.[1]) Es genügt die falsche Interpretation, die beiden andern Vorwürfe sind nur die nothwendige Folge jener; hat man
die Worte des Textes richtig aufgefasst, so ist auch nichts unwahr-
scheinliches und hartes darin. Wer der Sprache kundig ist, seinen
Aristoteles näher kennen gelernt hat und nicht blindlings glaubt, was
ihm andere vorspiegeln, braucht überhaupt keine Entgegnung auf solche
Einfälle, aber da heutzutage die Philologie so häufig unter dem Scheine
tief eingehender Forschung in oberflächliches Raisonniren ausartet, ist es
manchmal wünschenswerth, dass man entschieden dagegen auftritt und
das verkehrte und falsche Verfahren aufdeckt. Alle fingirten Uebelstände, welche die Umstellung der Bücher mit sich führen soll,[2]) sind
entweder nicht vorhanden oder gelten nicht minder von der alten Anordnung. Wenn der βασιλεία seiner eigenen Ordnung gemäss die ἀριστοκρατία folgt, diese aber, wozu der Name an sich schon auffordert,
als ἀρίστων πολιτεία (so hatte er sie ja oben definirt) betrachtet und
demnach behandelt wird, und wenn nun diese ἀρίστη πολιτεία im vollen
Umfange eintritt, was ist inconsequentes und auffallendes? was braucht
Aristoteles uns darüber zu belehren, ist er nicht an sich schon dazu
berechtigt und hat er erst die Erlaubniss seiner Leser nachzusuchen?
Hat Aristoteles seinen Musterstaat an's Ende gesetzt, dann musste er
auch die von ihm gegebene Ordnung einhalten, der βασιλεία die ἀρι-

---

[1] XIV, 365—72.
[2] XIII, 284.

στοκρατία, dieser die πολιτεία folgen lassen, nach deren Vollendung er
zu den Abarten der ὀρθαὶ πολιτεῖαι übergehen konnte, um zuletzt mit
seinem eigenen Ideale allen gegenüber das ganze abzuschliessen. Er
befolgt diesen seinen Plan nicht und spricht im vierten Buche von
Demokratie und Oligarchie und erst dann cap. 7—8 von der gewöhnlich
sogenannten Aristokratie und Politie. Wie kommt es, dass er von dieser
Aenderung kein Wort sagt? und er war um so mehr hier wie sonst
sich klar auszusprechen verpflichtet, als auch sein Exeget Bendixen
obige Auffassung des Werkes nur als seine Meinung vorbringt. Geht
aber der Musterstaat voraus, dann erklärt sich die Sache und ist im
Beginn des vierten Buches deutlich ausgesprochen. ¹)

Kurz, nicht Bendixen hat Grund, sich über die neue Anordnung,
wohl aber wir uns über die alte Unordnung zu verwundern, und wenn
gefragt wird, wie es doch komme, dass jener Musterstaat vorausgehe,
ohne dass im nachfolgenden Theile selbst bei der Heilmittellehre für
die gegebenen Staaten auch nur ein einziges mal auf dessen Vorbilder
hingewiesen werde, so gilt dasselbe auch von der Ueberlieferung, wo
keine Beziehung auf die vorausgegangenen Nothstaaten, deren Gebrechen
und Heilung so ausführlich beleuchtet werden, genommen wird; und
doch ist die Klage ungegründet; denn das vierte Buch erwähnt wieder-

---

1) Die Einwürfe Bendixens S. 285 seq. heben sich grossentheils von selbst auf. Weil ein oder
das andere mal was im dritten Buche steht, auch im vierten wiederkehrt, wie z. B. dass
die Gesetze sich nach den Verfassungen richten müssen, oder dass im Idealstaate der gute
Mann und gute Bürger identisch sind, soll dieses beweisen, dass das vierte Buch sich unmittelbar ohne Unterbrechung an das dritte anschliessen müsse! wer wird dergleichen im
Ernste widerlegen wollen? und doch wird wiederholt darauf Werth gelegt S. 296 seq. So
liegt denn auch die vermeintliche grössere Nachlässigkeit der Darstellung nur im Mangel
eines richtigen Verständnisses. Mir selbst wird der Unverstand zugemuthet, dass ich den
Idealstaat bereits mit den Erklärungen über das Königthum, also schon von III, 14 an beginnen lasse. Dass man so verschieden über diese Politik urtheile, davon liegt ihm die
Hauptquelle aller Wirren gerade in der Umstellung der Bücher, und so ist ihm dieses ein
indirecter Beweis der Grundlosigkeit und Unrichtigkeit derselben, natürlich also auch ein
Beweis, dass die überlieferte Ordnung die richtige sei XIV, 361. XVI, 515 Während der
Anfang des vierten Buches unverständlich ist, wenn die ἀρίστη πολιτεία nicht vorausgeht, denn
dort ist gesagt, es genüge nicht, wie die meisten thun, blos einen solchen Musterstaat aufzustellen, man müsse auch abwärts gehen und die bestehenden Staaten kennen und bessern,
weiss B. XVI, 511 nicht, woher eine Rechtfertigung für die mässigen Bemerkungen nehmen.
welche, wenn der Idealstaat vorausstrete, den Anfang des vierten Buches verunzieren!

holt den Musterstaat. Einmal IV, 2 in den Worten καὶ περὶ μὲν ἀριστοκρατίας καὶ βασιλείας εἴρηται· τὸ γὰρ περὶ τῆς ἀρίστης πολιτείας θεωρῆσαι ταὐτὸ καὶ περὶ τούτων ἐστὶν ἐλθεῖν τῶν ὀνομάτων· βούλεται γὰρ ἑκατέρα κατ' ἀρετὴν συνεστάναι κεχορηγημένην. Eine zweite IV, 3 haben wir oben kennen gelernt, die man vergeblich abzuweisen suchte . . εἴρηται . . ἐν τοῖς περὶ τὴν ἀριστοκρατίαν. In demselben Kapitel ist vielleicht noch eine dritte.[1]) Eine andere ist IV, 7 ἀριστοκρατίαν μὲν οὖν καλῶς ἔχει καλεῖν περὶ ἧς διήλθομεν ἐν τοῖς πρώτοις λόγοις· τὴν γὰρ ἐκ τῶν ἀρίστων ἁπλῶς κατ' ἀρετὴν πολιτείαν καὶ μὴ πρὸς ὑπόθεσίν τινα ἀγαθῶν ἀνδρῶν μόνην δίκαιον προσαγορεύειν ἀριστοκρατίαν. Dass damit nicht das dritte Buch, in welchem keine Ausführung dessen steht, sondern der Idealstaat in seiner Gesammtdarstellung bezeichnet werde, muss jedem Unbefangenen unbezweifelt sein.[2])

Eine aller Umstellung jener zwei Bücher, wie es schien, direct entgegenstehende Angabe ist VII, 4: ἐπεὶ δὲ πεφροιμίασται τὰ νῦν εἰρημένα περὶ αὐτῶν καὶ περὶ τὰς ἄλλας πολιτείας ἡμῖν τεθεώρηται πρότερον, ἀρχὴ τῶν λοιπῶν ἐστιν πρῶτον ποίας τινὰς δεῖ τὰς ὑποθέσεις εἶναι περὶ τῆς μελλούσης κατ' εὐχὴν συνεστάναι πόλεως. Ich hielt diese Worte, weil sie, wenn auf die Bücher IV—VI bezogen, mit dem Inhalte der vorausgehenden Kapitel nicht zusammenhängen, für Interpolation und Bekker hat sie eingeschlossen. Es hat sich jedoch seitdem eine andere Erklärung geltend gemacht, wonach auch diese Worte zu recht bestehen. Hildenbrand und Teichmüller,[3]) beide unabhängig, beziehen sie auf das

---

1) IV, 3. p. 1290, 24 ἀληθέστερον δὲ καὶ βέλτιον ὡς ἡμεῖς διείλομεν, δυοῖν ἢ μιᾶς οὔσης τῆς καλῶς συνεστηκυίας τὰς ἄλλας εἶναι παρεκβάσεις, τὰς μὲν τῆς εὖ κεκραμένης ἁρμονίας, τὰς δὲ τῆς ἀρίστης πολιτείας. Dort ist eine Vergleichung der Harmonien und Verfassungen; beziehen sich nun, wie wahrscheinlich ist, die gesperrt gedruckten Worte auf die Harmonien, so folgt, dass das achte Buch vor dem vierten gestanden hat, wo er cap. 7, p. 1342, 24 seqq. die dorische Harmonie hervorhebt, aber den Gegenstand wohl noch weiter ausgeführt hat; denn gerade hier bricht das ganze ab. — Sollte vielleicht VII, 12 fine ἁγμοθεσία σὺν Beziehung auf VI, 8 sein?
2) Bendixen verspricht XIII, 270 später von diesen Stellen zu reden, sagt aber S 294 davon nichts und geht stillschweigend darüber hinweg. XIV, 370.
3) Hildenbrand Geschichte der Rechtsphil. I, 365. Philol. XVI, 164—6. Zeller Gesch. der Phil II, 2, p. 578 betrachtet die Worte auch jetzt noch für ein späteres Einschiebsel, Bendixen XVI, 615 sagt: »vielleicht ist die Vermuthung richtig, vielleicht geht die Herausnahme auf beide Partien (I): in beiden Fällen bleibt die Sachlage für das Hauptproblem völlig dieselbe (?!).«

zweite Buch, die Verfassungen der Vorgänger des Aristoteles,[1]) welche dort recensirt und in ihren Mängeln und Schwächen dargestellt werden. Diese Auffassung ist zulässig, wenn man auch mehr ἄλλων als ἄλλας wünschte, mir ist jener Gedanke nicht in den Sinn gekommen, und ich freue mich, dass dadurch voller Einklang mit dem Eingange VII, 1—3 herbeigeführt wird und man eines Gewaltmittels enthoben ist.

Wenn Bendixens Versuch, die überlieferte Ordnung der Bücher zu halten, als gänzlich misslungen zurückgewiesen werden muss, ist vielleicht Forchhammer in der Vertheidigung glücklicher gewesen? Dass die Schlussbemerkung meiner Abhandlung, in welcher ich seine Hypothese, die Reihenfolge der Bücher der Politik sicher a priori aus den vier αἴτια der aristotelischen Naturphilosophie zu begründen, näher berührte, ihm unerwünscht war, ist begreiflich, er lässt diese jetzt auch ganz fallen und nimmt seine Beweise aus dem Werke selbst. Man habe die Politik irrig aufgefasst und so habe die leidige Versessenheit der Kritiker immer wieder die Umstellung der Bücher erneuert, aber ihr Irrthum trage doch das Verdienst, die trefflichen Arbeiten und gründlichen Forschungen des ausgezeichneten Kenners des Aristoteles, Bendixens, hervorgerufen zu haben; dass sie beide aus verschiedenen Gründen dasselbe sagen, diese Uebereinstimmung enthalte ein Zeugniss für die Wahrheit. Und Bendixen hinwiederum freut sich herzlich dieser Uebereinstimmung, so dass er sich auf jenes Gewähr berufen könne, zumal der verschiedene Gedankengang beider zu gleichem Ziele geführt habe. Wer noch an der bekannten Erklärung G. Hermanns bezüglich der berühmten Worte des Dichters laudari a laudato viro zweifeln wollte, beliebe nur die gegenseitigen Lobsprüche[2]) zu beherzigen, um sich von

---

[1] Aristoteles hat die Absicht gleich allen andern Philosophen, welche über den Staat geschrieben haben, eine vollständige πολιτεία zu liefern, und ich begreife nicht, wie mir der Vorwurf gemacht wird XIV, 368, dass ich den grössten Haupttheil der aristotelischen Politik zu luftigen Licht- und Nebelbildern über die Gestaltung *idealer Musterstaaten* verflüchtige. Ich habe diese ἀρίστη πολιτεία einen Idealstaat genannt, nicht weil sie der platonischen gleich steht, sondern weil auch ihr Ziel in der Wirklichkeit nur approximando erreicht wird, im ganzen und vollständig nur κατ' εὐχήν, d. h. pium desiderium bleibt, das man stets vor Augen halten und so weit möglich immer anstreben müsse; was aber so ist, kann immer mit Recht ein Ideal genannt werden.

[2] Forchhammer Phil. XV, 50. 52. Bendixen XVI, 506.

der Richtigkeit derselben zu überzeugen. Weil beide dieselbe entscheidende Stelle himmelweit von einander abweichend, und noch dazu jeder grundfalsch erklären, um dann in aller Ruhe sagen zu können, dieselbe beweise, dass die ἀρίστη πολιτεία mit dem siebenten und achten Buche das ganze Werk abschliesse, enthält diese wunderbare Uebereinstimmung, dieses Muster aller Interpretation ein Zeugniss für die Wahrheit! Auch Forchhammer träumt von einer ἀρίστη ἀριστοκρατία, aber diese sowohl, wie die ἀρίστη βασιλεία seien im Vergleiche mit jener im siebenten und achten Buche sämmtlich verfehlte;[1]) alles sind beste Verfassungen, aber zur Herstellung der allerbesten Verfassungen wird φύσις ἔθος λόγος erfordert und zwar in dieser Ordnung. Nun enthalten aber die Bücher IV, V, VI die φύσις, die natürlichen Staaten als Grundlage alles weitern; erst später kann ἔθος und λόγος folgen und so müssen die Bücher VII und VIII, wie sich von selbst versteht, am Ende stehen; doch damit jeder sich überzeuge, dass hier keine Täuschung statt finde, ist es nothwendig, des trefflichen Exegeten eigene Worte herzusetzen: „Aristoteles sagt am Schluss des dritten Buches ganz mit Recht: Erziehung und Unterricht, durch welche die Elemente der einigen Tugend, das sittliche und das denkende, das ἦθος und der λόγος im

---

1) Es kann dem Aristoteles nicht in den Sinn kommen, die beste Aristokratie und das beste Königthum — IV, 2 διαιρεῖς — eine verfehlte Verfassung zu nennen. Geschlossen wird dieses aus IV, 8, wo gesagt ist: ich habe die πολιτεία und drei verschiedene bestehende Formen der ἀριστοκρατία, wiewohl sie keine παρεκβάσεις sind, hier nach der ὀλιγαρχία und δημοκρατία, welche zu den schlechten gehören, auseinandergesetzt, weil sie strenge genommen doch von der eigentlichen ἀριστοκρατία und ἀρίστη πολιτεία abgeben und diese nicht erreichen, τὸ μὲν ἀληθὲς πᾶσαι διαμαρτάνουσι τῆς ὀρθοτάτης πολιτείας, dann weil sie gewöhnlich mit der Demokratie und Oligarchie gezählt werden und selbst deren Mischung sind. Dieses ist ganz anderes, als was das dritte Buch aussagt. Man denke sich den Musterstaat des A. verwirklicht und es entstände darin ein so hervorragender Mann ὥσπερ θεός, was damit anfangen? Dieses ist der III. 13 vorgelegte Fall. ἀλλ' ἐπὶ τῆς ἀρίστης πολιτείας ἔχει πολλὴν ἀπορίαν, auch hier müssten und würden die andern sich völlig ihm unterordnen. Sollte deswegen, weil nur einer an der Spitze steht, dieses nicht mehr die ἀρίστη πολιτεία sein. Ob einer, ob viele, ob alle regieren; ist nicht das Wesen, dieses besteht in dem κατ' ἀρετὴν ἄρχειν καὶ ἄρχεσθαι πρὸς αἱρετώτατον ζωήν, natürlich ist aber theoretisch zunächst und zumeist die Form auszubilden, wonach alle Glieder des Staates gleich stehen, d. h. gleich regiert werden und regieren. — Mit Bendixen u. a. gemeinsam sieht auch Forchhammer im dritten Buche eine Behandlung der ἀριστοκρατία, worauf IV, 2 sich beziehen soll, was bereits widerlegt ist.

einzelnen Menschen gebildet werden, sind es auch, welche den König wie den Staatsbürger bilden und den Staat tugendhaft, zum besten machen. Ehe wir aber nun mit dieser Rücksicht den besten Staat betrachten, müssen wir ihn in seiner *natürlichen* Existenz und seiner *natürlichen* Zusammensetzung kennen lernen. Das ist es, was Aristoteles mit den Worten sagt: ὥστ' ἔσται καὶ παιδεία καὶ ἤθη ταῦτα σχεδὸν τὰ ποιοῦντα πολιτικὸν καὶ βασιλικόν· διωρισμένων δὲ τούτων περὶ τῆς πολιτείας ἤδη πειρατέον λέγειν τῆς ἀρίστης, τίνα πέφυκε γίνεσθαι τρόπον καὶ καθίστασθαι πῶς· ἀνάγκη δὴ τὸν μέλλοντα περὶ αὐτῆς ποιήσασθαι τὴν προσήκουσαν σκέψιν. Dass πέφυκε γίνεσθαι etwas anderes bedeutet als γίνεται oder δεῖ γίνεσθαι braucht wohl nicht bemerkt zu werden. Auch hat man gemeint, dass hinter σκέψιν etwas fehle und der Gedanke plötzlich abbreche und hat daher jede Interpunction am Schlusse weggelassen. Es ist einfach ein Punctum zu setzen und aus dem vorhergehenden λέγειν κτλ. zu ergänzen, wie schon aus der Partikel δὴ einleuchtet, welche man freilich nicht in δὲ verwandeln darf. . Das was Aristoteles zunächst ankündigt ist, wie bemerkt und wie es ja klar in den Worten liegt, in dem Schlusssatz enthalten τίνα πέφυκε γίνεσθαι τρόπον . . Dieses Thema behandelt Aristoteles so evident in den zunächst folgenden Büchern, dass in der That und mit Recht in diesen von der παιδεία und der ἤθη gar nicht die Rede ist. Es werden die verschiedenen s. g. besten Verfassungen zugleich mit den andern Arten der schlechten Verfassungen durchgenommen. Von der Erziehung aber und dem Unterricht, der παίδευσις τοῖς ἔθεσι καὶ τῷ λόγῳ, durch welche der Mensch und der Staatsbürger zur ethischen und logischen oder dianoetischen Tugend, d. i. zur vollen Tugend erzogen wird, ist, wie bemerkt, gar nicht die Rede. Auch fehlt viel daran, dass man etwa die im siebenten Buche gegebene Beschreibung der Physik des Landes und des Volks des absolut besten Staates ansehen könne als entsprechend jener Ankündigung (τίνα πέφυκε γίνεσθαι τρόπον), denn es wird dort keineswegs Land und Volk beschrieben ᾗ πέφυκεν, sondern die φύσις wird beschrieben wie sie sein soll ἐξ ὑποθέσεως, κατ' εὐχήν."

Ich gestehe, dass ich meinen Augen kaum traute, als ich dieses las. Wo hat dieser Hellene oder Hellenist — diese Frage drängt sich jedem sogleich von selbst auf — sein Griechisch gelernt? Schwerlich wird jemand aus einer solchen Exegese glauben, dass wir beide einst vor mehr als vierzig Jahren zusammen in Leipzig zu G. Hermanns Füssen gesessen haben! Forchhammer hat nichts eiligeres und eifrigeres zu thun, als überall vermeintlich nachzuweisen, dass ich geirrt und den Aristoteles nicht verstanden habe. Sicher habe ich oft geirrt und lasse mich gerne belehren, aber Gott bewahre mich und alle Philologen vor solcher Belehrung, vor einem solchen Verständniss des Philosophen; besser gar keines als ein solches! Weil den Alten seit Protagoras der Gedanke geläufig war, dass um etwas tüchtiges zu leisten, vorzügliche Naturanlagen und Fähigkeiten, $\varphi\iota'\sigma\iota\varsigma$, ferner gehöriger Unterricht, $\tau\iota'\chi\nu\eta$, endlich anhaltender selbstthätiger Eifer und Studium, $\mu\epsilon\lambda\epsilon\tau\eta$, sich vereinigen müssen, soll auch hier $\tau\iota\nu\alpha \pi\epsilon'\varphi\nu\kappa\epsilon \gamma\iota\nu\epsilon\sigma\vartheta\alpha\iota$ zu jener $\pi\alpha\iota\delta\epsilon\iota\alpha$ und $\epsilon\vartheta\eta$ die $\varphi\iota'\sigma\iota\varsigma$ bedeuten, und diese durch die drei Bücher IV, V, VI dargestellt sein, sollen die Worte $\pi\epsilon\varrho\iota$ $\tau\tilde{\eta}\varsigma$ $\pi o\lambda\iota\tau\epsilon\iota\alpha\varsigma$ $\eta'\delta\eta$ $\pi\epsilon\iota\varrho\alpha\tau\epsilon'o\nu$ $\lambda\epsilon'\gamma\epsilon\iota\nu$ $\tau\tilde{\eta}\varsigma$ $\alpha\varrho\iota'\sigma\tau\eta\varsigma$ heissen: ehe wir mit dieser Rücksicht den besten Staat betrachten! Doch wozu noch ein Wort verlieren über die unseligste aller Verkehrtheiten, die je zu dieser Stelle ausgebrütet worden.

Mit dem Kunststück, wie der Anfang des siebenten Buches mit den letzten Worten des dritten zusammen hänge, will er sich nicht abgeben; natürlich, ihm geben ja jene Schlussworte einen völlig gesunden und genügenden Gedanken. Anders Bendixen; wie nahe hier Ende und Anfang, sagt dieser, sich anschliessen, springt in die Augen, eben so nahe lag es, den abgerissenen Faden auch wirklich anzuknüpfen, d. h. die aneinanderliegenden Bücher zu verbinden; ja er schliesst sogar aus dem unvollendeten Schlusssatze, — gar nicht im Sinne und Geiste Forchhammers —, dass Aristoteles selbst nicht ferne war, seinen besten Staat sogleich hier einzureihen. Ich will indessen, damit nicht auch andere, wie Forchhammer, dergleichen mit so vornehmer Miene von sich weisen, an ein ganz ähnliches, nur noch weit merkwürdigeres Beispiel aus den aristotelischen Schriften erinnern. Das siebente Buch der Thiergeschichte endet in allen Handschriften mit den Worten: $\kappa\alpha\iota$ $\epsilon\nu$ $\tau\alpha\tilde{\iota}\varsigma$ $\pi\alpha\varrho\alpha\sigma\kappa\eta\nu o\iota\varsigma$ $\delta\epsilon$ $\mu\tilde{\alpha}\lambda\lambda o\nu$ $\pi o\nu o\tilde{\nu}\sigma\iota\nu$, $\epsilon\pi\iota\kappa\iota\nu\delta\nu\nu o\nu$ $\delta\epsilon$ $\kappa\alpha\iota$ $\tilde{o}\sigma\alpha\iota\varsigma$ $\tau\tilde{\omega}\nu$ $\pi\alpha\iota\delta\iota\omega\nu$ $o\iota$ $\sigma\pi\alpha\sigma\mu o\iota$ $\epsilon\kappa$ $\tau o\tilde{\nu}$ $\nu\omega\tau o\nu$ $\alpha\varrho\chi o\nu\tau\alpha\iota$ $\pi\varrho o\iota'o\nu\sigma\eta\varsigma$ $\delta\eta$ $\tau\tilde{\eta}\varsigma$ $\eta\lambda\iota\kappa\iota\alpha\varsigma$. Da die letzten vier Wörter nicht zu diesem Satze gehören, hat man sie gestrichen; dagegen beginnt das zehnte Buch, welches dem Inhalte nach mit dem siebenten zusammenhängt, so: προϊούσης δὲ τῆς ἡλικίας ἀνδρὶ καὶ γυναικὶ .. ist aber erst aus der lateinischen wörtlichen Uebersetzung — die selbst verloren scheint — in das griechische übertragen worden und steht nun in dieser Form in unserm Texte, und dieses geschah zwischen dem dreizehnten und fünfzehnten Jahrhunderte![1])

So hat in dieser Klage über das Umstellungsrecht der beiden letzten Bücher weder das feine und höfliche Verfahren Bendixens, noch das offene und gerade Forchhammers etwas gefruchtet. Die vielen Belastungszeugen des ersteren mussten als unberechtigt a limine abgewiesen werden; einem scheinbar gewichtigen (III, 13) wurde seine Bedeutung entzogen und ein anderer weit gewichtigerer (VII, 8) ihm entgegengestellt; der Hauptzeuge aber (III, 18), welcher das crimen zur völligen Entscheidung bringen sollte, hatte zu Gunsten beider Kläger ganz verschiedenes ausgesagt und schon dadurch sich verdächtig gemacht, näher ins Verhör gezogen konnte er nur das bekennen, was dem Beklagten zu gut kam.

Ob diese Beweisführung bei andern grössere Bewunderung finden wird als bei dem, gegen welchen der Angriff gerichtet ist, wird die Zukunft lehren; ohne Einfluss ist Bendixens Auffassung jedoch nicht geblieben; denn die Art wie Hildenbrand das ganze vermittelnd löst, kann selbst nur eine Potenzirung jener Hypothese genannt werden. Dass über diese Politik die Ansichten so wesentlich auseinander gehen, davon ist der Grund einfach in dem unvollendet überlieferten Zustande derselben.[2]) Die erste Frage ist demnach, hat Aristoteles selbst das Werk unvollendet hinterlassen, oder ist die Verstümmlung erst später eingetreten. Allgemein hatte man sonst letzteres angenommen und schon der alte Uebersetzer Thomas im dreizehnten Jahrhunderte macht am Ende seiner Version die Bemerkung: Reliqua huius operis in greco nondum inveni. In neuerer Zeit machte sich die andere Ansicht geltend,

---

1) De Arist. libro decimo historiae animalium, 1842 p. 1—8.
2) Dieses in der Umstellung der Bücher zu suchen, wie Bendixen thut, sonbe S. 657, ist mehr als Uebertreibung, ist volle Fiction. Aber allerdings hat man allerlei unbegreifliches vorgebracht, so Niebuhr röm. Alterth. S. 678. Isler: *das achte Buch der Politik wird wahrscheinlich mit Unrecht dem Aristoteles zugeschrieben.*

der Verfasser habe die Vollendung nicht überlebt; Bendixen hat sich diese angeeignet und Hildenbrand sie scharfsinnig weiter ausgeführt, so dass nach dieser Annahme das Werk uns jetzt unmittelbar, wie es aus dem verrufenen Keller von Skepsis aufgefunden worden ist, vorliegt.[1] Diese Untersuchung ist höchst schwierig und unsicher; die Beweise sind nur aus dem jetzigen Zustande, den sie selbst erst erklären sollen, genommen.[2] Gewiss bleibt nur, dass die Politik in ihre jetzige Form nach Philipps Tode gebracht ist, wenn anders jene Stelle nicht ein späterer Zusatz ist; dass Ethik und Politik so weit auseinander liegen und diese erst in den letzten Jahren seines Lebens geschrieben worden, hat keinen innern Halt und keine Wahrscheinlichkeit. Der Gedanke nach dem Misslingen anderer Philosophen einen Idealstaat zu gründen, lag so nahe und war so anziehend, dass niemand mit Hildenbrand glauben wird,[3] Aristoteles habe diese Ausarbeitung als das schwierigste — für ihn war es nicht so schwierig — an das Ende gelegt, sei also gar nicht dazu gekommen, es zu vollenden. Das achte Buch cap. 7, p. 1341b, 40 erwähnt die Poetik als künftig erscheinend; dagegen wird in der Rhethorik wiederholt auf diese als längst fertig verwiesen, und Rhetorik, welche sich selbst auf die ausführliche Auseinandersetzung der Politik beruft,[4] ist gewiss keine so späte Schrift, als Niebuhr[5] annimmt, so dass wir eher auf das Gegentheil, die frühere Abfassung, wenn nicht der gesammten Politik, so doch des Idealstaates hingewiesen werden, und manches scheint dafür zu sprechen.[6] Die häufigen Angaben dessen,

---

1) Bendixen XIV, 340—2, 344. findet darin die im Lyceum gehaltenen Vorträge 366. Hildenbrand S. 345 Man beruft sich auf Gölling praef XXVI, der einen Grund fur die späte Abfassung anführt, auf welchen er selbst nichts hält.
2) Hild S. 370. 379—81. § 74. Die Gründe der, wie Bendixen XVI, 508 sagt, genau motivirten Annahme, dass Aristuteles selbst seine Politik nie vollendet habe, kann ich nicht anerkennen.
3) S. 390.
4) Mit Unrecht sucht Hildenbrand S. 367 in Rhet. I, 8 διηρείδονται γὰρ ἐν τοῖς πολιτικοῖς περὶ τούτων eine andere Politik als die unsrige, es ist kein Widerspruch mit dieser; dort werden die bestehenden gangbaren Verfassungen aufgezählt; das Wesen liegt in dem ἔθει und ῥυθμῷ jeder, und dieses lehrt unsere Politik.
5) Röm Gesch. I, 20 zweite Ausgabe. Anm. 30.
6) In dem Idealstaate ist gar vieles, was in den vorhergehenden Büchern, namentlich dem dritten, bereits behandelt ist, z. B. c 13—6; man sollte denken, er hätte sich viel kürzer

was er im Verlaufe vorzubringen gedenkt, beweisen nichts, wenn er sein Werk nicht vollendet hat, aber ein einziges sicheres Zeugniss aus dem nun fehlenden Theile würde genügen, jene Hypothese für immer zurückzuweisen.[1])

Hildenbrand hat das Schlusskapitel des dritten Buches nicht falsch wie Bendixen und Forchhammer aufgefasst, sondern richtig verstanden, hält aber dessen Inhalt mit dem Anfange des siebenten Buches unvereinbar; in jenem werde die Frage, ob die Tugend oder Glückseligkeit des Einzelnen und der Staaten dieselbe sei oder nicht, als bereits bewiesen vorausgesetzt, hier aber erst bewiesen; die einzig mögliche Erklärung ist ihm folgende: das Schlusskapitel des dritten Buches ist ein von Aristoteles begonnenes aber verworfenes und darum abgebrochenes Concept des ersten Kapitels der Lehre vom besten Staate, welche gegenwärtig mit dem siebenten Buche beginnt. An seine Stelle ist später das jetzige erste Kapitel des siebenten Buches getreten und es sollte daher jenes bei der Vollendung des Werkes ausgemerzt werden.

Dieser Einwurf überrascht weit mehr als alle vorgeblichen Uebelstände Bendixens, welche der Umstellung entgegenstehen sollen, auf mich machte er um so grössern Eindruck, als gerade diese Frage und deren Lösung im Anfange des siebenten Buches es gewesen, welche mich selbst längst veranlasst hat, die Auffindung der Originalhandschrift der Politik dafür in Anspruch zu nehmen und damit den neuen Hypothesen vorzuleuchten.[2]) Stehen wir unerwartet jenem Originale so nahe,

---

gefasst, während er jetzt so spricht, als wäre davon noch gar nichts gesagt worden; auffallend ist namentlich der Schluss des ersten Kapitels. War Aristoteles noch in den letzten Tagen seines Lebens von solch politischem Lehreifer beseelt, dass er schreiben konnte: πρὸς δὲ τοῖς ἀμφισβητοῦντας . . δικαιοτέρον ὕστερον, εἴ τις τοῖς εἰρημένοις τυγχάνει μὴ πιστόμενος? Das weist doch auf eine ganz andere Zeit hin.

1) Die oben S. 658 aus IV, 3 angeführte Stelle ist nicht völlig entscheidend, und andere vorzubringen wird schwer halten. Die Worte IV, 2 ἔτι δὲ τὶ διαφέρουσιν ἀλλήλων ἀριστοκρατία καὶ βασιλεία können die Vermuthung erregen, er habe sich in seinem Musterstaate darüber näher erklärt; das bisherige legt den Unterschied nur in die Quantität, dass hier einer, dort mehrere an der Spitze stehen. Bei Ocellus Locanus ist der erste Theil aus den Büchern περὶ γενέσεως καὶ φθορᾶς, woraus der zweite cap. 4? ich vermuthe aus der Politik in ihrem vollständigen Zustande. Jamblichus vit. Pyth. § 200—13 hat § 9—14 abgeschrieben, aber das ganze scheint nicht pythagoreisch. Die Stelle 4, 6 über ungleiche Heirathen stimmt genau mit Arist. VII, 16, eben so die Vergleichung mit den ζῴα § 9 u s

2) Ueber die Politik S. 45. 48. Die dort aufgeworfene Frage, zu deren Lösung ich alle auf-

so darf man auch annehmen, dass Aristoteles, wenn er jenes Kapitel nicht wollte und durch etwas besseres ersetzt hat, es nicht stehen gelassen, sondern gestrichen hat, und so gewichtig ist jener Grund näher betrachtet noch keineswegs, um zu einer so schlimmen Aushilfe greifen zu müssen und uns jenen schönen Uebergang zur ἀρίστῃ πολιτείᾳ ohne weiteres entreissen zu lassen. Ja, diese Tilgung würde auch den Widerspruch noch keineswegs heben; denn die Worte ἐν δὲ τοῖς πρώτοις λόγοις ἐδείχθη . . ἀρίστης, mit und wegen welchen zugleich das ganze Kapitel fallen soll, beziehen sich auf III, 4; denn dort ist der Gedanke ausgesprochen; es würde also jener schon III, 4 bewiesene Satz auch ohne dessen Wiedererinnerung III, 18 gleichwohl am Anfange des siebenten Buches von neuem bewiesen werden, und wir sind jetzt selbst durch die Anwendung dieses Kraftmittels, des Streichens des ganzen Kapitels, um nichts besser daran.

Aristoteles sagt III, 18: nachdem oben gezeigt worden, dass im besten Staate der gute Mann zugleich auch ein guter Bürger sei und umgekehrt, so wird man wie einen zum guten Menschen, auch zum guten Bürger machen, und demnach einen besten Staat selbst herstellen können; damit aber wollen wir jetzt sogleich beginnen. War dieses oben III, 4 auch nicht strenge und ausführlich bewiesen, so war es doch hinreichend nachgewiesen.[1]) Der Anfang des siebenten Buches aber sagt aus: um den Begriff der ἀρίστη πόλις richtig zu fassen, muss man zu allererst wissen, welches das wünschenswertheste Leben ist, τίς αἱρετώτατος βίος, ohne dieses kann man die ἀρίστη πολιτεία gar nicht begreifen, man muss daher zunächst über zwei Puncte in's Klare kommen, erstens, welches überhaupt und im allgemeinen das wünschenswertheste Leben ist, τίς ὁ πᾶσιν ὡς εἰπεῖν αἱρετώτατος βίος, dann ob

---

gefordert hatte, ist ganz unbeantwortet geblieben; nur Bernays Die Dialoge des Arist. S. 159 hat sie beachtet, verspricht aber seinem Lösungsversuch ein andermal zu geben.
1) Wenn A. sagt ἐν τοῖς πρώτοις λόγοις ἐδείχθη ὅτι τὴν αὐτὴν ἀναγκαῖον ἀνδρὸς ἀρετὴν εἶναι καὶ πολίτου τῆς πόλεως τῆς ἀρίστης, so ist das eigentlich zu viel, von einem ἀναγκαῖον ist nirgends die Rede, erst im siebenten Buche wird dieses besser und strenger bewiesen, aber aus dem gegebenen und vorhandenen ergibt es sich; es folgt besonders aus 1278 b, 32 ἀρετὴν τελείαν, mit welcher die ἀρίστη τελεία πολιτεία identisch sein wird, 1279 b, 2 ist τινός μὲν πόλεως eben ἀρίστης.

dasselbe Leben, was für jeden einzelnen gesondert, privatim gilt, auch für alle insgesammt, in ihrer Verbindung, publice, d. h. für den ganzen Staat Geltung hat, πότερον κοινῇ καὶ χωρὶς ὁ αὐτὸς ἢ ἕτερος. Diese letztere Frage wird bejaht, und auffallend genug wiederholt behandelt, zuerst kurz p. 1323 b, 30 mit dem Zusatze, wenn man es nicht glaube, wolle er später es ausführlicher beweisen, dann cap. 2—3, wo eine solche ausführliche Darstellung gegeben wird. Dort III, 4 ist gezeigt, dass jene Gleichheit in keinem als dem besten Staate statt finden könne, und daraus geschlossen, dass und wie man einen solchen besten Staat gründen könne, hier wo diese ἀρίστη πολιτεία selbst in Angriff genommen ist, wird von der Tendenz alles Lebens ausgegangen, und dann übergegangen, dass was die Eudämonie der einzelnen bewirke, auch die des ganzen Staates hervorbringen müsse. Da hier die Absicht ist, ein vollständiges Lehrgebäude des Musterstaates zu geben, so kann die nähere Berührung dieses Gegenstandes von ganz anderer Seite aus nicht beanstandet werden, wohl aber, dass dasselbe unmittelbar nach einander wiederholt vorgetragen wird. Die Schwierigkeit, welche Hildenbrand aufgeworfen hat, steht der Verbindung der Schlussworte des dritten Buches mit den Anfangsworten des siebenten Buches: διωρίσασθαι . . nicht entgegen.

Wie diese Frage über den Musterstaat eine mehr äussere ist, denn seine Bedeutung liegt nicht darin, dass er den Nothstaaten vorausgeht oder diesen folgt, sondern darin, dass er für sich als ganzes begriffen wird, so auch die zweite, welche die Umstellung des fünften und sechsten Buches betrifft. Am Anfange des vierten Buches wird angegeben, was ein Politiker bezüglich der bestehenden Staaten alles wissen und leisten müsse und es werden cap. 2 fünf Puncte namentlich hervorgehoben: πρῶτον μὲν . . ἔπειτα . . ἔπειτα . . μετὰ δὲ ταῦτα . . τέλος δὲ . . um dann einzeln näher betrachtet zu werden; sie werden auch der Ordnung nach durchgegangen, die erste Frage c. 3—10, die zweite c. 11, die dritte c. 12, 13, auf die vierte beziehen sich die letzten drei Kapitel 14—6, die fünfte Frage endlich τίνες φθοραὶ καὶ τίνες σωτηρίαι τῶν πολιτειῶν ist der Inhalt des fünften Buches und damit scheint der Gegenstand erschöpft. Dagegen enthält das gesammte sechste Buch, welches am Ende nicht einmal vollständig erhalten scheint, nur die Beantwortung des vierten Punctes *τίνα τρόπον δεῖ καθιστάναι τὸν βουλόμενον ταύτας τὰς πολιτείας, λέγω δὲ δημοκρατίας τε καὶ᾽ ἕκαστον εἶδος καὶ πάλιν ὀλιγαρχίας*, nimmt also die in den letzten drei Kapiteln des vierten Buches behandelte Frage wieder auf und führt sie weiter. Dass der enge Zusammenhang der Untersuchung durch das Dazwischentreten des fünften Buches unerwartet unterbrochen wird, liegt augenscheinlich vor, und da Aristoteles selbst sich über diese Inconsequenz nirgends erklärt, so müssen die Motive, welche der natürlichen Verbindung von IV, 14—6 mit VI, 1—8 im Wege stehen, im Gegenstande unmittelbar enthalten sein oder man hat diese Verbindung auch wirklich herzustellen. Es gilt demnach, jene Unterbrechung zu rechtfertigen und dazu wird man um so mehr aufgefordert, da nicht weniger als vier Stellen vorliegen, welche das fünfte Buch als bereits vorausgehend anerkennen, und der Frevel, solch sprechende Zeugen gewaltthätig um's Leben zu bringen, vor dem Richterstuhle der Kritik schwer zu verantworten ist.[1]

Ist vielleicht die oben IV, 2 gestellte vierte Aufgabe mit IV, 14—6 bereits vollständig erledigt und bildet das sechste Buch einen für sich bestehenden Gegenstand, ein selbstständiges Thema, das nicht unpassend dem fünften Buche folgen kann?

Das ist Bendixens Meinung,[2] ist aber nichts als eine willkürliche

---

[1] Ueberdiess hat Bendixen S 276—7 nach seiner Art ein halbes Dutzend Misstände und Uebelklänge aufgezählt, welche durch das Vorrücken des VI. Buches entständen, die demnach als eben so viele Beweise für die Ueberlieferung gelten sollen; sie nehmen sich beim ersten Anblicke gar stattlich und mannhaft aus, näher betrachtet zeigen sie sich ganz ätherischen Gehaltes, dass ihr Gewicht die Schale eher aufwärts zieht als abwärts drückt. So gleich der erste Einwand, warum denn V sich so häufig auf IV, und nicht auf VI, welches ihm doch zunächst vorausgienge, beziege. Antwort: VI bezieht sich gleich oft wie V auf IV, aber V. welches die *φθοραὶ* nachweist, hat mit VI, der besten Gestaltung der Demokratie und Oligarchie nichts zu thun; so lange diese besteht, treten keine *φθοραί* ein; erst die *φθοραί* bringt beide Bücher näher; aber während VI, 5 nur gelegentlich hervorhebt, der Gesetzgeber müsse dafür sorgen, dass die beste Demokratie, wenn sie hergestellt ist, sich auch lange und dauernd erhalte, spricht V ex officio ausführlich von der *σωτηρία* aller Verfassungen. Nicht ausdrücklich hervorgehobene Beziehungen sagen weder dafür noch dagegen: wirkliche Citationen sind um so mehr zu beachten, z. B VI. 4 *καθάπερ ἐν τοῖς πρὸ τούτων ἐλέχθη λόγοις*. Aristoteles sagt gewöhnlich *πρότερον*, mag das besprochene unmittelbar oder längst vorher vorgekommen sein, aber er sagt *πρὸ τούτων*, wenn der betreffende Abschnitt unmittelbar vorausgegangen und nicht durch anderes unterbrochen ist; hier aber ist nicht V, sondern IV, 4 gemeint.

[2] Philol. XIII, 374—83.

Annahme, nur ersonnen, um die jetzige Bücherfolge zu retten; ihr steht alles entgegen. Wenn Aristoteles IV, 14 sagt: ich komme nun zum vierten Puncte und will hier von dem ausgehen, wovon man ausgehen muss, nemlich den drei Behörden des Staates, der berathenden, administrirenden und richtenden, von deren guten Anordnung die gute Ordnung und die Verschiedenheit der Staaten selbst abhängt — ὧν ἐχόντων καλῶς ἀνάγκη τὴν πολιτείαν ἔχειν καλῶς καὶ τὰς πολιτείας ἀλλήλων διαφέρειν ἐν τῷ διαφέρειν ἕκαστον τούτων — so hat er mit der näheren Erklärung dieser drei Behörden — und mehr enthalten jene drei Kapitel nicht — seine Aufgabe, wie schon die Eingangsworte zeugen, λαβόντες ἀρχὴν τὴν προσήκουσαν αὐτῶν, erst begonnen, aber keineswegs vollendet. Dort ist zwar gesagt, πάντες περὶ πάντων etc. sei demokratisch, τινὲς περὶ πάντων oligarchisch, aber Aufgabe war ja, wie man die einzelnen Arten beider Staaten einrichten müsse, λέγω δὲ δημοκρατίας τε καθ' ἕκαστον εἶδος καὶ πάλιν ὀλιγαρχίας, und gerade das lehrt das sechste Buch, so dass der innere Zusammenhang unläugbar ist. Wenn dagegen Bendixen in diesem VI. Buche mit seinen Heil- und Kräftigungsmitteln für die speciellen Arten der Demokratie und Oligarchie im Gegensatze zum IV. und V. eine neue μέθοδος sucht und findet, einen weitern Versuch des Aristoteles, jene historisch gegebenen Staaten auch innerhalb der Schranken ihres specifischen einseitigen Charakters einem höhern Grade der Vollkommenheit durch grössere Verschmelzung ihrer einseitigen Eigenthümlichkeiten zuzuführen, eine sittliche Heranbildung einer geeigneten Bevölkerung, um so den Uebergang zu dem Idealstaate VII, VIII recht anschaulich zu machen und zu vermitteln, so sind das wieder Phantasieen, zu welchen im Texte selbst nicht die mindeste Andeutung vorliegt und welche ein besonnener Interpret des Philosophen am besten mit Stillschweigen übergeht.

Hildenbrand[1]) ist als Jurist zu nüchtern und zu wenig poetischer Natur, um dem Gedankenflugo Bendixens folgen zu können, er sieht, dass im sechsten Buche kein neues Thema an die Reihe komme, glaubt

---

1) § 76 S. 871—8.

aber doch, dass das fünfte sich an das vierte anreihen und so der ganze jetzige Stand sich rechtfertigen lasse. Er betrachtet in IV, 14—6 den einen Theil, die Beschaffenheit der Elemente, dessen zweiter Theil die Verbindung dieser (VI) enthalte; um aber etwas lebenskräftiges hervorzubringen, werden die Bedingungen, welche den Lebensprocess des Staates im ganzen, sein Gedeihen und sein Verderben, sein Bestehen und Vergehen bestimmen, gefordert; die Lehre vom Lebensprocesse des Staates setze voraus, dass man die Natur der einzelnen Elemente derselben kenne und Aristoteles habe es sehr gut so in einander verflochten, dass er zuerst die Lehre von der Natur der einzelnen Elemente (IV, 14—6), dann die Lehre vom Lebensprocesse der Staaten (V), zuletzt die Lehre von der Verbindung der einzelnen Elemente (VI) behandelt, bei welchen der Gesetzgeber die Natur der einzelnen Elemente an sich, wie des Lebensprocesses im ganzen zu beobachten habe.

Wer die betreffenden Abschnitte einer genauen Durchsicht würdigt, wird finden, dass dieses keine Lösung ist; denn jeder muss bekennen, dass V eine besondere für sich bestehende Abhandlung ist, nichts anders als die Beantwortung der fünften und letzten oben aufgeworfenen Aufgabe, ganz unabhängig von der vierten Frage, der κατάστασις τῶν πολιτειῶν. Hildenbrand hätte sich gewiss von dieser seiner Erklärung ferne gehalten, wenn nicht die vier Citate unseres Buches von der Umstellung abschreckten und irgend eine Aushilfe der jetzigen Verbindung beider Bücher aufzusuchen nöthigten; sie werden noch manchen andern wackern Leser scheu machen, das, was zusammengehört, auch als zusammengehörig anzuerkennen, man wird es für geeigneter halten, hierin der gewöhnlichen Ueberlieferung zu folgen.[1]) Und doch darf uns dieses nicht abhalten, das natürliche und wahre auszusprechen. Hat man bis jetzt keine genügende Aushilfe gefunden, und wird eine solche auch nicht gefunden werden, weil die einfache Verbindung von IV, 14—6 mit VI allein das richtige ist und jede andere Aushilfe unmöglich macht, so mag man in Erwartung eines bessern mit der Anerkennung immer-

---

1) s. B. Zeller Philos. der Gr. II, 2 S. 523, wie in der frühern Zeit Conring, s. Ueber d. Pol. d. Ar. S. 4 Anmerk. 3. Brandis Gesch. des Entw. d. gr. Ph. I, 509.

hin zögern, wird aber hoffentlich in Zukunft nicht mehr eine solche
Verachtung zeigen und meinen, durch eitle Einfälle die Sache entscheiden
zu können. Die häufigen Citationen haben im Aristoteles manch auffallendes und sind noch nie einer Prüfung unterworfen worden. Viele
Spuren zeigen, dass der Text Aenderungen erlitten hat, von welchen
man früher keine Ahnung hatte;[1]) strenger und gewissenhafter Forschung bleibt noch gar vieles vorbehalten.

---

1) s. B. Metaphysik (Ar. St. I, 21), de partibus animalium (über die Reihenfolge der naturw. Schriften S. 24), Rhetorik (Vahlen S. 66).